GERHARD SCHORMANN

Hexenprozesse in Deutschland

VANDENHOECK & RUPRECHT IN GÖTTINGEN

Gerhard Schormann

Geboren 1942, Studium der Geschichte und der Philosophie in Münster und Bonn, 1969 Promotion; seit 1972 Assistent am Historischen Seminar / Lehrstuhl für Geschichte der Frühen Neuzeit der Universität Düsseldorf, 1981 Habilitation.

Buchveröffentlichungen: Hexenprozesse in Nordwestdeutschland (1977); Aus der Frühzeit der Rintelner Juristenfakultät (1977); Academia Ernestina (1981).

CIP-Kurztitelaufnahme der Deutschen Bibliothek

Schormann, Gerhard:
Hexenprozesse in Deutschland / Gerhard Schormann. –
Göttingen : Vandenhoeck und Ruprecht, 1981.
(Kleine Vandenhoeck-Reihe ; 1470)
ISBN 3-525-33456-7
NE: GT

Kleine Vandenhoeck-Reihe 1470

Umschlag: Hans-Dieter Ullrich. – © Vandenhoeck & Ruprecht, Göttingen 1981. – Alle Rechte vorbehalten. – Ohne ausdrückliche Genehmigung des Verlages ist es nicht gestattet, das Buch oder Teile daraus auf photo- oder akustomechanischem Wege zu vervielfältigen.
Schrift: 9/11 Punkt Times auf der V-I-P
Gesamtherstellung: Verlagsdruckerei E. Rieder, Schrobenhausen

Inhalt

Vorwort 5

H-Sonderkommando – Himmlers Hexenprozeßsammlung im Wojewodschaftsarchiv Poznań 8

I. Einführung
  1. Ein typischer Fall 16
  2. Zur Definition 22

II. Verbreitung der Prozesse in Deutschland
  1. Voraussetzungen
     a) Die Hexenlehre und ihre Gegner 30
     b) Die Justiz 42
  2. Durchführung
     a) Die Wellen 52
     b) Einzelne Gebiete 63

III. Der Hintergrund
  1. Sozioökonomische Probleme
     a) Die soziale Basis 72
     b) Die finanzielle Seite 80
  2. Das geistige Klima
     a) Ein Zeitalter der Krise? 89
     b) Der große Haß 95

IV. Erklärungsversuche
  1. Archaische Kulte 100
  2. Sozialdisziplinierung 105
  3. Instrument der Glaubenskämpfe 110
  4. Feldzug gegen das weibliche Geschlecht ... 116

Zusammenfassung 123

Auswahlbibliographie 125

Anmerkungen 129

Vorwort

Hexenprozesse haben in Deutschland die nach den Judenverfolgungen größte nicht kriegsbedingte Massentötung von Menschen durch Menschen bewirkt – und doch gibt es bis heute keine schlüssige und allgemein akzeptierte Erklärung dafür. Sie kann auch hier nicht geboten werden. Versucht wird eine knappe Zusammenfassung der Kenntnisse über Hexenprozesse, soweit der Forschungsstand reicht. Im Gegensatz zu den juristisch oder germanistisch ausgerichteten neueren Arbeiten bilden hier geschichtswissenschaftliche Methoden und Fragestellungen die Grundlage, indem z. B. nach möglichen Zusammenhängen zwischen den Prozessen und der demographischen Entwicklung oder den Agrarkrisen gefragt wird.

Für Historiker an deutschen Universitäten sind Hexenprozesse bis heute kein Gegenstand intensiver Forschung. Im Hochschulbereich befaßten sich neben einigen Medizinern und Germanisten hauptsächlich Juristen mit diesem Thema. Die Masse der Literatur über Hexenprozesse entstand jedoch außerhalb der Universitäten. Das ist um so auffallender, wenn man Frankreich zum Vergleich heranzieht, wo sich von Lucien Febvre bis Pierre Chaunu sehr viele Historiker mit dem Thema beschäftigt haben und noch beschäftigen. Der Hinweis auf frühere, gesellschaftlich bedingte Ausrichtung der deutschen Geschichtswissenschaft auf Haupt- und Staatsaktionen ist als Erklärung nur beschränkt brauchbar, weil heute nicht mehr zutreffend, während die Zurückhaltung der Historiker fortdauert, und zwar in Ostdeutschland wie in Westdeutschland. Hexenprozesse werden in Handbüchern kaum und in Schulbüchern überhaupt nicht erwähnt.

Statt dessen blüht die Subkultur. Burrs Feststellung von 1890, Hexenprozesse seien die Domäne der Scharlatane, stimmte auch noch 1968, als H.C.E. Midelfort in seiner bibliographischen Übersicht die Meinung vertrat, hier habe mehr Unsinn literarischen Niederschlag gefunden als auf jedem anderen Gebiet der Geschichte.[1] Die Verbindung von Frau und Folter läßt sich nur zu leicht in das Gemisch von Sex und Sadismus umsetzen. Aber auch die unscharfen Grenzen des Themas, die fließenden Übergänge zu allen möglichen Randgebieten erleichtern die Verzerrung zum Okkulten und Obskuren, und schon das Wort »Zauberei« verbreitet einen Hauch von Varieté.

Der Mann, der in gewisser Hinsicht für die intensivste Beschäftigung mit der zweitgrößten nicht kriegsbedingten Massentötung in Deutschland gesorgt hat, war der gleiche, der die größte leitete: Heinrich Himmler. Ausgerechnet der Reichsführer SS hat veranlaßt, daß über Hexenprozesse in Deutschland eine gewaltige Materialsammlung aus Quellen und Literatur zusammengetragen wurde, die sich heute in Polen befindet. Bezeichnenderweise ist sie in Deutschland unbekannt, während ein französischer Forscher schon seit Jahren daran arbeitet. Als Quellenübersicht kann man die Sammlung ohne zu übertreiben einzigartig nennen, ihre Beschreibung soll darum auch den Anfang der vorliegenden Darstellung bilden.

Hexenprozesse hat es bekanntlich nicht nur in Deutschland gegeben. Sie waren ein europäisches Phänomen, das auch auf die Neue Welt übergegriffen hat. Allerdings sind sie nicht in sämtlichen Gebieten Europas nachgewiesen, und auch bezüglich der Intensität müssen beträchtliche Unterschiede zur Kenntnis genommen werden. Eine exakte Differenzierung für den gesamten Kontinent ist derzeit unmöglich. Bei dem folgenden Versuch einer Übersicht handelt es sich um Angaben aus der Literatur (nachgewiesen am Ende der Auswahlbibliographie), die wegen des sehr unterschiedlichen Forschungsstandes in den einzelnen Ländern aber nur mit Vorsicht aufzunehmen sind. Danach hat der gesamte Bereich der griechisch-orthodoxen Kirche keine Hexenprozesse gekannt. Im Bereich der lateinischen Kirchen sieht es so aus, als seien die spanische Halbinsel – außer der Pyrenäenregion – und Süditalien weitgehend von Hexenprozessen frei geblieben und als habe es in Irland, England, Skandinavien und in Polen, Böhmen und Ungarn zumindest weniger Opfer gegeben als in den Kernländern der Hexenprozesse: Frankreich, Norditalien, Alpenländer, Deutschland, Beneluxländer und Schottland. Weitere Differenzierungen werden sicher möglich sein, auch wenn sich beim derzeitigen Kenntnisstand noch nicht viel sagen läßt. In den Vereinigten Niederlanden haben die Prozesse schon verhältnismäßig früh, kurz nach 1600, ein Ende gefunden, in Frankreich gegen die Mitte des 17. Jahrhunderts. In Deutschland endeten die Massenprozesse erst um 1680, während sie in Polen, Böhmen und Ungarn noch über 1700 hinaus stattgefunden haben. Schließlich kann man noch als einigermaßen wahrscheinlich ansehen, daß von allen europäischen Ländern die Zahl der Opfer in

Deutschland am größten war. Die Prozesse in Nordamerika, in Salem und Kanada, fallen im Vergleich mit dem alten Kontinent quantitativ nicht ins Gewicht.

Zuletzt noch eine Bemerkung zur Zitierweise. Im 16. und 17. Jahrhundert war die deutsche Schriftsprache noch kaum normiert. Unregelmäßigkeiten kommen bei der Groß- und Kleinschreibung vor, bei der Zeichensetzung, aber auch bei Vokalismus und Konsonantismus. Heute gibt es für die Umschrift Regeln, während in der älteren Forschungsliteratur unterschiedlich verfahren wurde.[2] Da jedoch die Literatur in jedem Fall buchstabengetreu zitiert werden muß, ist Uneinheitlichkeit bei den Zitaten nicht zu vermeiden.

H-Sonderkommando –
Himmlers Hexenprozeßsammlung
im Wojewodschaftsarchiv Poznań

Im Jahre 1935 wurde auf Himmlers Veranlassung beim SD ein »H-Sonderkommando«, ein Hexen-Sonderkommando eingerichtet. Nach dem Aufgehen des SD im Reichssicherheitshauptamt (1939) bildete das Kommando dort eine besondere Dienststelle in der Abteilung VII, Archivamt. Zuvor hatte es allerdings eine kleine institutionelle Fehde auszutragen, die es seiner thematischen Nähe zu einer andern Himmlerschen Einrichtung sui generis verdankte: Im Sommer 1938 wehrte das Kommando erfolgreich einen Versuch des »Ahnenerbe« ab, die Hexenprozesse an sich zu ziehen. Nach Intervention seines Leiters bei Himmler, ließ der Reichsführer dem »Ahnenerbe« mitteilen: »Er bittet, davon Kenntnis zu nehmen, daß sich das Ahnenerbe mit Hexenprozeß-Angelegenheiten nicht beschäftigen soll, da diese Aufgabe ausschließlich dem SD zukäme«.[3] Seitdem residierte das Hexen-Sonderkommando unangefochten im Reichssicherheitshauptamt, Berlin, Wilhelmstr. 102, bis es im Frühjahr 1944 seine Arbeit einstellte. Das zusammengetragene Material samt Dienstbibliothek wurde nach Sława, nördlich Glogów, ausgelagert, von wo 1946 die Bücher in die Universitätsbibliothek Poznań kamen, während die Materialsammlung dem dortigen Wojewodschaftsarchiv einverleibt wurde.[4]

Wie kam nun diese ungewöhnliche Einrichtung zustande? »Der Grund für Himmlers Verhalten«, schreibt M.H. Kater, »ist nicht ohne weiteres einzusehen. Wahrscheinlich erblickte er im ›Hexenwesen‹, ähnlich wie im Freimaurer- und Judentum, ein Politikum höchsten Ranges«.[5] Denkbar wäre natürlich auch, das »H-Sonderkommando« jenem Bereich zuzuordnen, den Helmut Heiber die »Manifestationen eines bei allem nüchternen Realismus doch nahezu jeder Phantasterei aufgeschlossenen Geistes« genannt hat, und den Joachim Fest schlicht als »Institutionalisierung seiner Narrheiten« bezeichnete.[6] Indes, wenn auch keine Äußerungen Himmlers vorliegen, fehlt es doch nicht an Hinweisen, die das doppelte Ziel des Unternehmens erkennen lassen: die Suche nach Resten altgermanischen Volksglaubens und die

Verwertung der Prozesse als antichristliche Propaganda. So jedenfalls hat es ein Mitglied des Kommandos zum Ausdruck gebracht.

Das »H-Sonderkommando« verfügte wahrscheinlich über acht Mitarbeiter, von denen aber nur einige namentlich in Erscheinung getreten sind, während von andern nur das jeweilige Signum bekannt ist: Dr. Rudolf Levin, Dr. Ernst Merkel, Rudolf Richter, Schmidt, Bie, Rm, W, We.[7] Ob damit alle Mitarbeiter erfaßt sind und wieweit es sich um Fach- oder Hilfskräfte handelte, muß dahingestellt bleiben. Nähere Angaben liegen nur über die beiden Erstgenannten vor. Der 1909 in Dohna bei Pirna geborene Levin wurde nach dem Studium der Fächer Geschichte, Deutsch, Englisch und Philosophie 1935 in Leipzig mit einer geistesgeschichtlichen Arbeit promoviert.[8] Als Leiter des »H-Sonderkomando« hat 1938 der damalige SS-Obersturmbannführer Levin den Annexionsversuch durch das »Ahnenerbe« abgewehrt und bei dieser Gelegenheit ein Gesamtprogramm umrissen mit den Hauptpunkten: rassen- und bevölkerungsgeschichtliche Wirkungen der Hexenprozesse, ihre wirtschaftlichen Folgen, die Rolle der Frauen in den Prozessen und schließlich ein Überblick über das einschlägige Schrifttum.[9] Diese weiträumige Abgrenzung muß sicher aus der Konkurrenzsituation verstanden werden, sollte doch dem »Ahnenerbe« keinerlei Möglichkeit belassen werden, das Thema Hexenprozesse oder Teilbereiche davon an sich zu ziehen. Das »Ahnenerbe« hatte nämlich auch schon über die ideologischen Möglichkeiten des Themas nachgedacht und war zu dem Ergebnis gekommen, daß sich der Hexenwahn »als eine gewaltige Auseinandersetzung zwischen Intellektualismus und Volksseele erweist. Aber die Waffen waren ungleich. Das Christentum war eine geistige Macht, und nur eine geistige Macht vermag es, Einzelne zu fanatisieren, während jene seelisch tiefsten Schichten des Volksglaubens nur in einer ungebrochenen Gemeinschaft zur äußeren Wirksamkeit gelangen können.«[10] Damit werden bereits die beiden Ziele sichtbar, die auch im Programm des »H-Sonderkommando« erscheinen.

Dieses Programm tritt in den Äußerungen von Dr. Ernst Merkel zutage. Es handelt sich einmal um einen undatierten Plan mit dem Titel: »Die germanischen Grundlagen des Hexenwahns«, der ganz auf die Suche nach Resten altgermanischen Volksglaubens und deren Gegenüberstellung mit dem christlichen Hexenwahn abgestellt ist: »Die germanische Magie. – Kraftgeladene Gegenstände ausgehend vom Sonnenkult. Gegenüberstellung zu den vorderasiatischen Erscheinungsformen der Zauberei«.[11] Daneben liegt Merkels Gießener Doktorarbeit von 1939 vor: »Der Teufel in hessischen Hexenprozessen«, die zwar außer dem Geburtsort Straßburg keine biographischen Angaben enthält, dafür aber während der Tätigkeit im Kommando und in engstem Zusammenhang mit ihr entstanden ist. Hier werden im einzelnen die Bestandteile der jüdisch-christlichen Hexenvorstellungen als rassisch bedingt nachgewiesen – Sinnlichkeit, Bocksdämon usw. –, Vorstellungen, die dem nordischen Menschen völlig fremd seien.

Suche nach altgermanischer Tradition und Kampf gegen das Christentum sind zweifelsohne im Kapitel »Heinrich Himmler als Ideologe« mühelos unterzubringen, was immer auch den ersten Anstoß zur Gründung des Kommandos gegeben haben mag. Beide Absichten sind auch ganz gewiß keine Narrheiten, stehen vielmehr im Zusammenhang mit Hexenprozessen in langer Tradition. Die Verknüpfung der Prozesse mit germanischen Religionsvorstellungen geht bekanntlich schon auf Jacob Grimms »Deutsche Mythologie« von 1835 zurück. Von anderen Versuchen, Hexenprozesse als das Überleben archaischer Kulte zu erklären, wird in einem eigenen Kapitel noch zu sprechen sein.[12] Daß ferner das Thema von verschiedensten weltanschaulichen Positionen aus als Propagandainstrument gegen das Christentum im allgemeinen und die katholische Kirche im besonderen verwendet wurde und wird, bedarf keiner Nachweise. Hinsichtlich ihrer Ziele also wandelten des Reichsführers Rechercheure in gewohnten Bahnen.

Ungewöhnlich ist jedoch der Umfang dieses Materials, das sie in ihrer achtjährigen Tätigkeit zusammengebracht haben, und das hier zunächst vorgestellt und dann auf seine wissenschaftliche Verwertbarkeit befragt werden soll. Dabei folgt die Beschreibung der einzelnen Gruppen dem 1962 im Wojewodschaftsarchiv erstellten Findbuch, das nach 11 Nummern »Akten zur Organisation« das eigentliche Kernstück der Sammlung folgen läßt: die 3621 Nummern umfassende Kartei über Zauberei- und Hexenprozesse. Daran schließen sich 120 Nummern Auszüge aus Archivalien, 102 Nummern Fotokopien von Archivalien, je 11 Nummern Zeitungsausschnitte und Bildmaterial sowie 2 Mikrofilme und 4 Originalakten an.

Die »Akten zur Organisation« enthalten nach einer Datenübersicht und der eingangs zitierten Korrespondenz (1,2) ein Sach- und Begriffsregister zur Hexenforschung (3,4). Bei diesen Registern steht allerdings die dürftige Ausführung in beträchtlichem Mißverhältnis zur umfassenden Gliederung. So verheißt das »Spezielle Begriffsregister«

Nachweise zu den Rubriken: Allgemeines, Altersreihen, Aufbau der Stadtverwaltung, Bevölkerungsstatistik und Bevölkerungsverluste, Fakultäten und Universitäten, Familie, Fürsten, Geistlichkeit, Gemeinden, Gerichtsverfahren, Geständnisproblem, Ideen und Ideenbildung, Jesuiten, Juristen und Theologen, Kaiser und Reich, Kriegseinwirkungen, Kulturzustände, Naturereignisse, Päpste und Inqisitoren, Protestantismus und Hexenprozesse, Reichsstädte, Scharfrichter, Schöppenstühle, Seuchen, Soziologische Probleme, Territorialbeziehungen, Unterbeamte, Verordnungen, Werdegang der Hexenprozesse, Widerstand gegen die Prozesse. Die Bearbeitung ist aber offensichtlich in den Anfängen steckengeblieben. Um nur ein Beispiel zu nennen: Unter der Rubrik »Seuchen« erscheint gerade dreimal das Stichwort »Pest«, bezogen auf Bregenz, München und Eßlingen mit dem jeweiligen archivalischen Nachweis – das ist alles.

Ebenfalls unvollständig sind die sogenannten »Grundbuchkonzepte«. Abgesehen von einem reinen Ortsregister (5) handelt es sich um den Versuch, die einzelnen Fälle mit Quellen- und Literaturangaben nach Orten aufzulisten (6–8). Sodann folgt ein alphabetisches Verzeichnis der benutzten Archive und Bibliotheken (9), das zusammen mit dem Verzeichnis der Aktenauszüge die Auswertung von Archivalien aus 154 Archiven und Bibliotheken ausweist. Ein Katalogbruchstück der Dienstbibliothek des Kommandos und bibliographische Notizen beschließen diese Aktengruppe (10,11).

Die Kartei und die ihr zugrunde liegenden Archivalienauszüge bilden die eigentliche Sammlung. Praktisch ging die Arbeit so vonstatten, daß die Hexenprozeßakten des jeweiligen Archivs – mehrheitlich wohl ans Geheime Staatsarchiv Berlin-Dahlem ausgeliehen – von einem Mitarbeiter des Kommandos unter bestimmten Gesichtspunkten exzerpiert und diese Exzerpte anschließend für verschiedene Karteien ausgewertet wurden. Für die zentrale Kartei verwandte man Blätter im DIN-A 4-Format, in der Regel je Angeklagte ein Blatt. Nach den Namen der Angeklagten geordnet, wurden abschließend die Blätter, die sich auf einen oder mehrere Gerichtsbezirke bezogen, in Mappen zusammengeheftet. Die 3621 Mappen enthalten rund 30000 Blätter. Davon entfällt die Hauptmasse, nämlich 3052 Mappen, auf Hexenprozesse in Deutschland, während der Rest Material aus aller Herren Länder enthält, von Mexiko bis Indien, von USA bis Rußland.

Die Blätter selbst sind einheitliche Vordrucke mit einem 57 Punkte umfassenden Fragenschema. Die Fragen gliedern sich ihrerseits in 10

Grupen, von denen die erste 15 Fragen zur Person der Angeklagten umfaßt: Name, Wohnort, Alter, Familienstand, Konfession usw. Die Fragen 16–22 zielen auf Familie und Besitz, allerdings tauchen dabei auch »Ansehen« und »Rasse« auf. Die beiden nächsten Gruppen mit den Fragen 23–30 sind auf den Prozeßablauf bezogen: vom Datum der Verhaftung, über Verhöre und Folterungen bis zur Hinrichtung. Die folgende Abteilung ist ausschließlich Literatur- und Quellenangaben reserviert, während die Fragen 32–34 eine Sonderstellung einnehmen: Nach dem Querverweis »Karte steht in Verbindung mit« folgen die Kürzel der Sachbearbeiter und das Datum der Bearbeitung. Gruppe sechs will mit den Fragen 35–43 das jeweilige Territorium erfassen, Gruppe sieben die kirchlichen Institutionen. Die beiden anschließenden Gruppen haben mit den Fragen 46–54 die am Prozeß beteiligten Personen im Auge, vom Ankläger bis zum Scharfrichter. Mit der zehnten und letzten Gruppe sollen die Archivsignatur der Prozeßakte – der Quellennachweis unter Frage 31 bezieht sich auf die Aktenauszüge des Kommandos – sowie eventuelle Drucke und bildliche Darstellungen zum Prozeß erfaßt werden.

Für den Versuch, die Frage nach Möglichkeiten und Grenzen der wissenschaftlichen Ausbeute dieser Sammlung zu beantworten, soll jetzt mit Hilfe von Stichproben die Arbeitsweise der Mitglieder des »H-Sonderkommando« untersucht werden, genauer: ihre Art der Aktenauswertung. Dabei muß vorab geklärt sein, wie sie eigentlich einen Hexenprozeß definiert haben. Der Frage der Definition ist im folgenden ein eigenes Kapitel gewidmet, doch sei vorweggenommen, daß es in der Forschungsliteratur eine Kontroverse darüber gibt, ob zwischen Zauberei- und Hexenprozessen unterschieden werden muß oder nicht. Eine solche Unterscheidung hat das Kommando jedenfalls nicht vorgenommen; die Einbeziehung mittelalterlicher Zaubereifälle – Köln 1075, Soest 1200 u. a. – macht dies ebenso deutlich wie die Einbeziehung von Fällen aus der Zeitgeschichte und aus Ländern wie Indien, der Türkei usw. Wie hoch der Anteil solcher Fälle insgesamt ist, muß vorerst offen bleiben.

Die Frage, in welchem Ausmaß die einschlägigen Quellen erreicht worden sind, ist nur bedingt beantwortbar. Wenn mehrere qualifizierte Personen acht Jahre an der Arbeit waren, wird man einiges erwarten dürfen, und in der Tat, die Liste der herangezogenen Archive und Bibliotheken ist auch dann noch eindrucksvoll, wenn man Österreich, Böhmen, Luxemburg und drei nicht lokalisierbare Archive ausklammert: Sie umfaßt 126 Archive, 9 Bibliotheken und 2 Museen, darunter 39 Staats-, 66 Kommunal- und 14 Adelsarchive. Ohne Detailuntersuchung ist nicht zu entscheiden, ob und wieweit über direkte Prozeßakten hinausgegangen wurde – Belege für Hexenprozesse können bekanntlich in verschiedenen Beständen wie etwa Wirtschaftsakten oder alten Repertorien enthalten sein. Im übrigen bleibt Vollständigkeit selbst bei einem so aufwendigen Unternehmen unerreichbar. Beispielsweise sind für die Harzgrafschaft Wernigerode neben allgemeinen Angaben aus der Literatur wie »3 Personen 1521« namentlich 35 Angeklagte nachgewiesen. Aus dem Staatsarchiv Magdeburg habe ich aber 18 weitere Angeklagte ermitteln können.[13] Auch die vom Kommando gar nicht benutzten Bistumsarchive können mehr Hinweise auf Hexenprozesse enthalten, als dies von der Institution her zu erwarten wäre. Das hat sich beispielsweise bei meiner Bearbeitung von Visitationsprotokollen im Archiv der Erzdiözese Köln herausgestellt.[14] So viele Lücken aber auch immer bestehen mögen, sie ändern nichts an der Tatsache, daß die Mitarbeiter des Kommandos in großem Stil recherchiert und ein umfangreiches Material zusammengebracht haben.

Entscheidend dafür, was dieses Material zur Erforschung der Hexenprozesse in Deutschland beitragen kann, ist nicht ihre mehr oder weniger große Unvollständigkeit, sondern die von der Fragestellung bestimmte Art des Exzerpierens. Um es gleich zu sagen: Die Fragestellung zielte auf die biographischen Daten der Angeklagten im engeren Sinne und auf die Einzelheiten des Prozeßablaufs, während das soziale Umfeld außer acht blieb. Dies wird sofort deutlich, wenn man Originalakten mit deren Auswertung durch das Kommando vergleicht, was jetzt an einem Fall gezeigt sei, dessen Einzelheiten in einem späteren Kapitel zur Sprache kommen werden.[15] Es handelt sich um die Akte des Dillenburger Prozesses gegen Barbara Jung aus dem Dorf Donsbach im Jahr 1631. Wie in vielen Fällen bilden auch hier die Zeugenaussagen den sozialgeschichtlich ergiebigsten Teil: Sie zeigen die sich über 28 Jahre hinziehende Entstehung einer Bezugsperson, d. h. jenen Prozeß, in dessen Verlauf aus der »unbescholtenen« Frau Jung eine Zauberin wird. Als das Gerücht einsetzt, ist Barbara Jung eine nicht in die Dorfgemeinschaft integrierte Fremde, eine Zugezogene, die immer Außenseiterin blieb. Die massivste Steigerung ihres »bösen Gerüchts« geht auf einen Mann zurück, der die Angeklagte bestohlen hat und dabei von ihr überrascht und zur Rede gestellt wurde.

Die nächste Ausweitung des Gerüchts wird von einer Frau betrieben, mit deren Mann die Angeklagte ein Verhältnis hatte und die von ihr im Geständnis auf das schwerste als Komplizin belastet wird. Es würde hier zu weit führen, alles vorzustellen, was sich an Informationen aus der 43 Blätter starken Akte herausholen läßt. Unbedingt erwähnt werden muß aber noch die detaillierte Aufstellung der Prozeßkosten. Sie läßt nicht nur genau erkennen, wie der Prozeß abgelaufen ist, und wer wieviel von den 119 Reichstalern Gesamtkosten erhalten hat, sondern sie erlaubt auch Rückschlüsse auf familiäre Verbindungen der am Prozeß beteiligten Personen bis hin zu dem Wirt, der an der Verköstigung der Angeklagten verdiente.

Ein Blick auf das entsprechende Blatt des Kommandos zeigt die Dürftigkeit der Auswertung. Diese Feststellung gilt sowohl für die Art der Fragestellung wie auch für das Ergebnis innerhalb des Fragenschemas. Frau Jung war zur Zeit des Prozesses Witwe, nicht verheiratet.

Das Blatt weist folgende Eintragungen auf:

1. Name: Jung
2. Vornamen: Barbara
6. Wohnort: Donsbach
11. verheiratet: ja
15. Familienverhältnis: Ehemann Hans
23. verhaftet am: 20. Oktober 1631
24. Grund: Hexerei
25. Gefangenschaft und Folter: 41 Tage in Haft, 17. Nov. 31 gefoltert
28. Hinrichtung: 29. Nov. 1631 enthauptet und begraben
33. Sachbearbeiter: MK/We
34. Tag: 10. Dez. 1936
35. Ort: Dillenburg 1631
55. Prozeßakte in: Staatsarchiv Wiesbaden, Abt. 399/48.

Kinder muß sie mehrere gehabt haben, denn ihrem Geständnis nach will sie zwei ihrer Söhne mit teuflischem Gift ermordet haben; außerdem reicht eine ungenannte Zahl von Kindern eine Bittschrift zugunsten der Mutter ein. Gefoltert wurde sie am 12., nicht am 17. November. Die Fragen nach Geständnis, Urteil und Leidensgenossen bei der Hinrichtung lassen sich ebenso beanworten wie die Fragen nach territorialen Verhältnissen, den kirchlichen Institutionen und den am

Prozeß beteiligten Personen einschließlich der Geistlichen. Übrigens sind auf manchen Blättern im freien Raum unten rechts Prozeßkosten verzeichnet worden, aber ganz willkürlich: Im einen Fall wurden sie zur Kenntnis genommen, im andern wieder nicht.

Das Blatt für Barbara Jung ist in seiner Dürftigkeit keine Ausnahme, wie jetzt in einem größeren Rahmen noch einmal verdeutlicht sei und zwar an den Hexenprozessen der Stadt Minden in Westfalen. Die Aktenauszüge sehen durchgehend so aus wie im folgenden Fall:

Grete Spilker(sche) geb. Döhren von Seelenfeld im Stift Minden
o.D. 1604   Verhör, Folter, kein Gest.
2. 3. 1604 Verhör, Folter, Gest.
8. 3. 1604 Folter, Gest., Bitte um Strafmilderung
29. 2. [!] Verhör, Folter, Gest.[16]

Gefragt sind Daten zur Biographie und zum Prozeßverlauf – kein Wort darüber, daß Grete Spilker zu den Ärmsten der Armen zählt. Kein Wort auch zu der bemerkenswerten Denkschrift in der Prozeßakte Ilse Nording, die den Beginn der Mindener Prozesse von 1604 und das soziale Milieu der Beteiligten beleuchtet.[17]

Damit dürfte die Frage nach Leistungsfähigkeit und Grenzen dieses Materials für die Erforschung der Hexenprozesse in Deutschland in etwa beantwortbar sein. Möglich ist sicher eine Quantifizierung – wieweit sie über die räumliche und zeitliche Verteilung der Prozesse hinaus zu tragfähigen Ergebnissen kommt, soll dahingestellt bleiben. Eine befriedigende Erklärung für Hexenprozesse wird dieses Material wohl nicht ermöglichen, weil dazu das soziale Umfeld mit einbezogen werden muß. Hier versagt das Material von der Fragestellung her, und vor allem: Der Weg ins soziale Umfeld führt über die Prozeßakten hinaus. Dazu ein Beispiel, das später noch ausführlicher zur Sprache kommen wird.[18] In den Hexenprozeßakten der Herrschaft Büren/Fürstbistum Paderborn taucht eine von zehn Personen unterschriebene Bittschrift auf, in der solche Prozesse vom Gerichtsherrn verlangt werden. Das Kommando hat sie nicht berücksichtigt. Die Verfasser der Bittschrift sind aber besonders interessant, weil sie zu einer Gruppe innerhalb der ländlichen Bevölkerung gehören, die im Verdacht steht, eine der treibenden Kräfte für Hexenprozesse zu sein. Eine Identifizierung der Verfasser ist aber nur mit Hilfe von Quellen möglich, die mit Hexenprozeßakten nichts mehr zu tun haben. Wie gesagt: Der Weg ins soziale Umfeld führt über die Prozeßakten hinaus.

I. Einführung

1. Ein typischer Fall

»Veneris [Freitag] 21. Martii Anno 1631 in Ringelstein. Tutken Lisa von Sydinghusen wurde heut wegen Zauberey inhaftirt und mit Hönekes Stina und der Ricuske confrontirt, darauf torquirt.

Sagt, habe sie ihr Vater Engelbert, welcher wegen Zauberey tot allhir were gepeiniget worden, in ihrer Jugend in seinem Haus gelehrt, hette 3 Fueß zurückgehen und Gott versagen müssen, welches sie gethan, were ihr aber leid. Darauf ein Jung in schwartzen Kleidern zu ihr kommen, einen Rthr. [Reichstaler] geben, den sie in Beutel gesteckt, aber zu Pferttreck worden. Hette mit ihr in ihres Vaters Hof puelirt, were kalt Werk gewesen. Hieße Hans Federwisch.

Ihr Puehl hette ihr schwartz Zeug geben, damit sie eine Katzen getödet, die Kunst damit zu probiren.

Dem alten Kulten vor viel Jahrn ein schwartz Pfert vergeben [vergiftet], nescit causam [weiß den Grund nicht].

Henrich Tutken ein braun Pfert vor 1 Jahr vergeben, welchem jedoch wieder geholfen worden, so Kleinen Meinolfs Jost jetzo hat. [marginal:] Befind sich in inquisitione also richtig.

Dem Kreuete 3 Pfert vergeben; war eins weiß vor 40 Jahrn, das ander braun von 15, das dritte schwartz vor 2 Jahrn ungefehrlich. Weren aufm Hof weidend gangen, hette ihn schwartz Kraut aufs Gras geworfen, weil ihr nit hett pflügen wollen zu rechter Zeit, wiewohl ihr schuldig gewesen. [marginal:] Befind sich also wahr, nisi quod circa annos erratum, de circumstantiis autem conveniunt. [nur bezüglich der Jahre geirrt, über die Umstände stimmen sie überein]

Thönis Henrichen ein rot Pfert vor 3 oder 4 Jahrn in seinem Kamp beim Garten vergeben, hette ihr auch pflügen sollen, aber nit gewollt. [marginal:] Inquisitus sagt wahr.

Henrich Tutken, ihrem Tochtermann, ein schwartze Kueh vergeben, weil ihre Tochter mit ihr gekiffen. [marginal:] Inquisitus sagt wahr sein.

Schmidt Henrichen vor 9 oder 10 Jahrn im Trunk, als bey ihr zu Bier gewesen, vergeben, weil sie geziehen, sollte ihm in seinem Korn gekrutet haben, und sie gescholten. Hette ein Brustkrankheit dazu kriegen und gestorben. [marginal:] Inquisita uxor seu vidua [Ehefrau bzw. Witwe] sagt wahr, daß wohl 3viertel Jahrs gekranket, wisse nit, woran gestorben.

Tantzplatz were bey der Wahrt, tantzten auf Leihn gebunden an die Wahrt und Galgenpöste. Were aber selten dahin kommen, sondern aufm Tantz in der Wermeke, tantzten auf einer Leihn gebunden an Eichbaum.

Hette schwartz Zeug, were Schmir in einem Pott, stunde under ihrem Bett; wann sich damit schmirte, führe aufn Tantz; hettes ihr ihr Federwisch geben.

Müsse das Licht im Hindersten halten und leuchten, stünde aufm Kopf. Der Tantz würde alle Donnerstags umb Mitternacht gehalten. Were gestern 8 Tag in der Wermeke aufm Tantz gewesen. Würde ihnen auf einer glasen Trommel mit Fuchsschwentzen gespilt.

Denuncyrt:
Sydinghusen   Barkhusen
  Appelsoppische Gert[rud]   Christianuske
  Spanische Trüs   Schnitgerske

Konnde wegen hohen Alters sie nit aufziehen lassen, darumben sie auch zu mehrer Bekanntnus nit treiben konnen. Als aber entblößt worden, befunde der Scharpfrichter an ihr auf dem rechten Schulterblatt ein Stigma, gleich wanns mit 3 Fingern gegriffen were, stuche mit der Nadel tief hinein, empfunde aber nichts.

Was bekannt, sagt alles wahr sein, wolle auch darauf leben und sterben.

Sabbati 22. Martii gütlich ihrer Aussag in loco tuto [im Gefängnis] erinnert worden, sagt alles wahr; außerhalb wisse von keinen complicibus, warumben sie wieder zur Tortur bracht und examinirt worden.

Denuncyrt in
Sydinghusen   Barkhusen
  Appelsoppische   Christianuske
  Spanische Trüs   Schnitgerske
  Leinenweberske Gert.
  Elsken Ruske

Will die alte Zauberin mehr nit wissen; was aber bekannt, seye wahr, wolle auch darauf leben und sterben.

Heut abents wurde sie über ihr Aussag wiederumb erinnert, sagt alles wahr.

Libellus

Wahr, daß Beklagtin Lisa die Zauberkunst in ihrer Jugend von ihrem Vater Engelbert gelernet.

Wahr, daß Gott dem Allmächtigen abgesagt und sich dem Teufel anhängig gemacht.

Wahr, daß sich mit dem Teufel vielfältig fleischlich vermischet.

Wahr, daß sowohl Menschen als Viehe durch ihre Zauberkunst umbbracht.

Wahr, daß dadurch die Göttliche Majestet aufs höchste belaidiget und darumb zu strafen.

Wahr, daß sie auf ihre gethane Bekanntnus leben und sterben wollen und niemant unrecht besagt haben wolle.

Sententia 27. Martii«[19]

Das Dorf Siddinghausen gehört zur Herrschaft Büren im Südwesten des Fürstbistums Paderborn. Das Kriminalgericht der Herrschaft hat seinen Sitz auf Burg Ringelstein über dem Fluß Alme. Dorthin wird Elisabeth Tutke nach ihrer Verhaftung am 21. März 1631 gebracht, sofort mit zwei geständigen Zauberinnen konfrontiert und anschließend gefoltert.[20]

Obschon der Einleitungssatz des Protokolls denkbar kurz gehalten ist, gibt er Aufschluß über zwei der wichtigsten Bestandteile der Gerichtsverfahren bei Hexenprozessen überhaupt: Besagung und Folter. Erstere hängt mit der Lehre vom Hexensabbat zusammen, mit jenen Versammlungen, an denen nach der Vorstellung der Zeitgenossen jede Hexe teilnimmt und auf denen sie folglich andere Hexen gesehen haben muß. Also nötigen die Gerichte jede Angeklagte, Komplizen zu nennen, zu »besagen«, zuerst die Person, von der sie zum Teufelspakt verführt wurde, danach die Anwesenden auf den Teufelstänzen. Diese Nötigung erfolgt mit Hilfe der Folter oder wenigstens mit der Androhung der Folter, weshalb es sich empfiehlt, den zeitgenössischen Ausdruck »besagen« beizubehalten und nicht von »denunzieren« zu sprechen, da »denunzieren« im heutigen Sprachgebrauch mehr eine freiwillige Aussage bezeichnet.

Frau Tutke ist also von zwei Frauen besagt worden, gegen die schon als Hexen prozessiert wird und die bereits gestanden haben. Über das Gewicht von Besagungen als Indizien im Hexenprozeß waren sich die Gelehrten des 16. und 17. Jahrhunderts nicht einig, doch sah die Mehrheit ein schwerwiegendes Indiz dann als gegeben an, wenn mehr als eine Besagung vorlag. Im vorliegenden Fall hat es übrigens noch mehr als zwei Besagungen gegeben, auch wenn das Protokoll nur die Besagungen durch jene beiden Frauen erwähnt, die mit der Verhafteten konfrontiert werden. Aus der anschließenden Folterung von Elisabeth Tutke ist abzuleiten, daß die beiden Frauen in der Konfrontation ihr »ins Gesicht« gesagt haben – wie es in den Akten immer wieder heißt –, sie auf dem und dem Hexensabbat gesehen zu haben. Auch wird die Angeklagte von den beiden geständigen Hexen sicher in der Weise als Komplizin bezeichnet worden sein, wie sie selbst später wieder andere Menschen zu besagen gezwungen wird: Sie muß ihre diesbezügliche Aussage mit der Beteuerung bekräftigen, darauf leben und sterben zu wollen. Die bis in den Tod aufrechterhaltene Beschuldigung durch eine bußfertig Hingerichtete galt als besonders schwerwiegendes Indiz. Aus der anschließenden Folterung ist natürlich auch abzuleiten, daß die Angeklagte in der Konfrontation die Beschuldigungen als falsch zurückgewiesen hat.[21]

Das Gericht aber hält die Indizien für ausreichend, um in der Verhafteten eine überführte Hexe zu sehen, zu deren Verurteilung nach dem Strafgesetzbuch nur noch das Geständnis fehlt. Dieses herbeizuführen ist Aufgabe der Folter. Die Art der hier angewandten Tortur kann jedoch bei der lakonischen Kürze des Protokolls nur aus anderen Bürener Hexenprozeßakten erschlossen werden. Durchgeführt wurde die Folter in diesen Verhören zuerst mit Bein- und/oder Daumenschrauben, gefolgt vom Aufzug an den auf dem Rücken gefesselten Händen – allgemein die verbreitetste Folterpraxis in Deutschland. Daß Frau Tutke allein mit Schrauben torquiert wurde, zeigt die Bemerkung des Protokolls, man habe sie wegen ihres hohen Alters »nit aufziehen« lassen können.

Das erzwungene Geständnis beginnt mit der Angabe eines Lehrmeisters: Ihr Vater, der selbst einem Hexenprozeß auf Ringelstein zum Opfer gefallen sein soll, hat ihr die Zauberkunst in ihrer Jugend beigebracht. Der Vorgang selbst stellt sich als Verleugnung Gottes dar, verbunden mit einem Teufelspakt, der offensichtlich in den Formen einer Eheschließung vollzogen wird, nur eben auf unnatürliche Weise:

Der ›Ehepartner‹ ist der Teufel, die Brautgabe wird zu Pferdedreck, und der Beischlaf gerät zum »kalt Werk«. Sodann folgen Fälle von Schadenzauber mit teuflischem Gift, Vergiftungen von Menschen und Vieh, wobei jeweils Rache als Motiv erscheint. Da werden Pferde von Leuten vergiftet, die schuldige Leistungen verweigert haben; ihr Schwiegersohn büßt mit dem Verlust einer Kuh dafür, daß ihre Tochter mit ihr »gekeift« hat, und ein gewisser Heinrich Schmidt bekommt aus ähnlichem Grunde selbst Gift ins Bier, woran er stirbt. Die jeweilige Randbemerkung zu diesen Fällen von Schadenzauber spricht für eine Kontrolle der Aussagen, allerdings fehlt sie bei der doch sicher leicht überprüfbaren Angabe, der Topf mit der Hexensalbe stehe unter dem Bett der Angeklagten.

Dieser Schmiertopf, den ihr Buhlteufel Federwisch gebracht hat, gehört zu jenem letzten Teil des Geständnisses, der sich auf den Teufelstanz, den Hexensabbat, bezieht. Mit der Salbe geschmiert, fährt sie jeden Donnerstag gegen Mitternacht auf den Tanzplatz, wo sie freilich nur als abenteuerlicher Leuchter dient, während es den übrigen Teilnehmern vorbehalten bleibt, auf ausgespannter Leine zu den Klängen einer mit Fuchsschwänzen geschlagenen gläsernen Trommel zu tanzen. Da sie dabei natürlich Tänzer gesehen hat, muß sie Namen nennen: Sie besagt je zwei Frauen aus den Dörfern Siddinghausen und Barkhausen. Damit aber ist das Gericht nicht zufrieden. Zwar will es wegen ihres hohen Alters nicht die Folterung durch Aufziehen anordnen, läßt sie aber am nächsten Tag noch einmal mit Schrauben torquieren, wodurch die Besagungsliste um die Namen von zwei weiteren Frauen aus Siddinghausen wächst. Zuvor hat noch der Scharfrichter auf der Schulter der Angeklagten ein Mal entdeckt, das die Nadelprobe als diabolisches Stigma erweist, weil die Angeklagte keinen Schmerz beim Einstich der Nadel empfindet. So steht denn der Abfassung einer knappen Anklageschrift als Grundlage der Verurteilung nichts mehr im Wege. Am 27. März 1631 wird sie zusammen mit neun anderen Verurteilten, acht Frauen und einem Mann, hingerichtet.

Typisch im Sinne übereinstimmender Merkmale vieler Hexenprozesse sind hier zunächst einmal Raum und Zeit. Die Herrschaft Büren gehört zu einem Gebiet, in dem Hexenprozesse in Wellen geführt wurden, in bestimmten zeitlichen Konzentrationen – darüber wird noch zu sprechen sein; das Verfahren gegen Frau Tutke gehört zu den Prozessen der Jahre um 1630. Typisch ist sodann die Angeklagte als

Frau. Zwar sind auch nicht wenige Männer in Hexenprozesse verwickelt worden, die Herrschaft Büren ist dafür ein Beispiel, und in manchen Territorien waren es sogar sehr viele, doch stellen insgesamt Frauen die überwältigende Mehrheit der Opfer. Typisch ist ferner der Prozeßablauf in seinen Grundelementen: die schwerwiegenden Indizien wie Beschuldigungen durch geständige Hexen, die Erpressung des Geständnisses mittels Folter, die zusammenfassenden Klageartikel für die öffentliche Verlesung und das Todesurteil. Die Folter kommt zwar nicht überall so regelmäßig zum direkten Einsatz wie in den Prozessen der Herrschaft Büren, doch wirkt sie ja auch bei sogenannten »freiwilligen« Geständnissen indirekt als stumme Drohung. Typisch ist schließlich das Geständnis selbst. Einmal gibt es alle wichtigen Elemente der Hexenlehre wieder, von der ebenfalls noch zu sprechen ist: Teufelspakt, Teufelsbuhlschaft, Schadenzauber und Teufelstanz. Sodann tritt hier eine typische Art von Besagungen in Erscheinung, was jedoch nicht aus dem vorliegenden Protokoll allein hervorgeht, sondern erst im Zusammenhang mit den Akten anderer Hexenprozesse deutlich wird, die zu dieser Zeit auf Burg Ringelstein geführt werden.[22] Wie schon gesagt, kommt es am 27. März 1631 zur Hinrichtung von insgesamt neun Frauen und einem Mann, verurteilt in Hexenprozessen. Diese im Laufe des März geführten Prozesse stehen untereinander alle in einem mehr oder weniger engen Zusammenhang, wobei die gegenseitigen Besagungen unübersehbar sind. Wer in der Tortur Komplizen des Hexensabbats zu nennen gezwungen wird, nennt zuerst Menschen, mit denen er Zauberei in Verbindung bringt, Bezugspersonen – dies ist eine in den Akten oft belegte Tatsache. Mit Zauberei in Verbindung gebracht werden aber am ehesten Menschen, die gerade als Hexen verhaftet worden sind oder deren Besagungen sich herumgesprochen haben, gefolgt von denen, die im öffentlichen Gerücht stehen, früher schon einmal verhaftet waren oder von einer hingerichteten Hexe abstammen.

Mit nur zwei Blättern eines Aktenbandes hat das Protokoll über den Prozeß gegen Elisabeth Tutke einen dürftigen Umfang, aber von einer großen Zahl deutscher Hexenprozesse existiert nicht einmal das kürzeste Protokoll. In vielen Fällen gibt es nur noch Listen mit den Namen Hingerichteter oder Kostenabrechnungen oder irgendwelche Kurznotizen. Das Typische für Strafprozeßakten des 16. und 17. Jahrhunderts insgesamt ergibt sich aus der Zielrichtung der Strafjustiz: die Tat und ihr Erfolg. Täterpersönlichkeit oder gar das, was heute soziales Umfeld heißt, bleiben weitgehend außerhalb ihres Blickwinkels. Selbstverständlich können Strafprozeßakten einschließlich Hexenprozeßakten Angaben dazu enthalten, nur sind sie meist nicht direkt gegeben und oft auch spärlich. Außer den Informationen, daß die Angeklagte Elisabeth Tutke heißt und in Siddinghausen gelebt hat, ist im vorliegenden Fall dem knappen Geständnisprotokoll nur noch wenig zu entnehmen. Beiläufig erfährt man von ihrem hohen Alter, weil ihr deswegen eine schärfere Tortur erspart bleibt. Das Geständnis, ihrem Schwiegersohn eine Kuh vergiftet zu haben, verrät, daß sie mindestens ein Kind hat. Damit sind aber die eindeutigen Auskünfte auch schon erschöpft, denn weder die Kuh des Schwiegersohns, noch der Hof des Vaters, noch die Verpflichtung anderer, die für die Angeklagte pflügen müssen, können als ausreichende Indizien für ihre Stellung in der Dorfgemeinschaft gelten: Das Wort »Hof« allein sagt nichts über Besitzverhältnisse und Wirtschaftlichkeit, und gepflügt werden muß auch das kleinste Feld. Bei umfangreicheren Prozeßakten läßt sich auf diese Weise mitunter eine ganze Reihe wertvoller Informationen gewinnen, und doch bleiben die meisten dieser Angaben so beiläufig wie im vorliegenden Protokoll. Damit ist zugleich eine Schwierigkeit angesprochen, die wahrscheinlich für eine besonders auffällige Forschungslücke zum Thema Hexenprozesse verantwortlich zeichnet: die Frage nach der sozialen Basis. Auch insofern ist der Prozeß gegen Elisabeth Tutke ein typischer Fall.

2. Zur Definition

Daß Hexenprozesse in Deutschland nach den Judenverfolgungen die größte nicht kriegsbedingte Massentötung von Menschen durch Menschen bewirkt haben, darüber läßt sich in der Forschung Einigkeit erzielen, denn diese Aussage trifft auch ohne Differenzierung dessen zu, was unter »Hexenprozessen« verstanden werden soll. Dabei nämlich scheiden sich die Geister.

So alt wie vielfältig ist der Gebrauch von magischen Mitteln, mit denen Menschen geschädigt oder getötet werden sollten und die es in den verschiedensten Varianten überall gegeben hat. Traditionellerweise werden solche Fälle als Schadenzauber bezeichnet, ihre strafrechtliche Verfolgung als Zaubereiprozesse. Aber nicht jeder Zaubereiprozeß ist auch schon ein Hexenprozeß. Der Schadenzauber ist zwar auch im Hexenprozeß enthalten, bildet dort aber nur einen Anklagepunkt neben anderen. Den Hexenprozessen lag eine Lehre zugrunde, deren Bestandteile aus sehr verschiedenen Überlieferungssträngen – orientalischen, klassisch-antiken und kirchlichen – stammten. Im Spätmittelalter flossen diese Bestandteile endgültig zur systematischen Hexenlehre zusammen, wie sie beispielhaft der bekannte »Hexenhammer« von 1487 wiedergibt. Nunmehr standen vier Elemente im Vordergrund. Erstens: der Pakt mit dem Teufel. Ein Mensch, mehrheitlich eine Frau, schließt mit dem Teufel, der ihr als Mann gegenübertritt, einen Pakt unter Abschwörung Gottes. Zweitens wird dieser Pakt in einer ganz bestimmten Form geschlossen, nämlich in der Form einer Eheschließung, vollzogen durch den Geschlechtsverkehr. Drittens schließen sich daran Fälle von Schadenzauber an, Schädigung und Vernichtung von Menschen und Tieren. Viertens: die Teilnahme am sogenannten Hexensabbat. Der folgenschwerste Bestandteil ist der vierte: die Teilnahme am Hexensabbat. Daraus folgte nämlich, daß jede Hexe noch andere Hexen kennen mußte, weil sie diese auf den Versammlungen gesehen hatte. Im Vergleich mit dem traditionellen Zaubereiprozeß stellt der kollektive Hexenbegriff mit den Teufelstanzversammlungen, die das Anwachsen der Gerichtsverfahren zu Sammelprozessen nach sich zogen, etwas völlig Neues dar. Zaubereiprozesse konnten natürlich auch mehrere Personen erfassen, mußten es aber nicht unbedingt. Schadenzauber konnte von einem einzelnen Menschen ausgeführt werden. Hexenprozesse gegen einzelne Personen sind dagegen selten. Sie kommen nur zustande, wenn eine Angeklagte trotz Folter nicht gesteht oder nur Verstorbene oder Unerreichbare als Komplizen nennt. So ist die Massenhaftigkeit der Prozesse ein Zeichen für den qualitativen Wandel vom Zauberei- zum Hexenprozeß.

Im folgenden wird diese grundsätzliche Unterscheidung von Zauberei- und Hexenprozeß zugrunde gelegt, von Hexenprozessen also nur gesprochen, wenn die vollentfaltete Hexenlehre mit den vier Hauptelementen vorliegt. Die Schwierigkeiten dabei sind unübersehbar. Die Quellenlage gerade in der Frühzeit, beim Übergang von Zauberei- zu Hexenprozessen, erlaubt nicht immer eine exakte Unterscheidung, zumal die Quellen den traditionellen Sprachgebrauch beibehalten und erst spät und verhältnismäßig wenig von Hexerei und Hexen sprechen; Zauberei und Zaubersche sind die gängigen Bezeichnungen. Indes, es muß differenziert werden, wenn man nicht jede strafrechtlich erfaßte magische Handlung, die auf Schädigung abzielt, mithin jeden Zaubereiprozeß zum Hexenprozeß erklären will. Ein reiner Schadenzauber, bei dem weder Teufelspakt noch Hexensabbat eine Rolle spielen, kann sinnvollerweise nicht als Hexenprozeß gelten. Im Mai 1604 wurde in Naumburg eine Frau hingerichtet, die eine andere durch magische Praktiken um ein Auge gebracht haben sollte, aus Rache, weil ihr die andere Frau die Milch gestohlen hatte. »Denn sie hat einen Schufleck genommen, die Milch in aller Teufel Namen darauf gegossen, und mit einem Karst darauf gehacket, davon der Nicoln von Zwicka ein auge aus dem kopfe gesprungen«.[23] Wenn dies als Hexenprozeß ausgegeben wird, dann gab es – von Teufels Namen abgesehen – Hexenprozesse immer und auf der ganzen Welt. Die Handlung unterscheidet sich im Kern gar nicht von der Praktik der attischen Rachepuppen aus dem 4. Jahrhundert v. Chr., kleinen Männchen aus Blei mit Beschwörungen, die dem Verfluchten das gleiche Unheil bringen sollten, das dem Bleimännchen zugefügt war – nur um eines von zahllosen Beispielen von Schadenzauber zu nennen, der in Antike und Mittelalter lebendig war.[24]

Schildert die Naumburger Notiz noch einen verhältnismäßig klaren Vorgang, so wachsen die Schwierigkeiten in Grenzfällen wie etwa dem der 1516 im Herzogtum Kleve angeklagten Ulant Dammartz.[25] Ihrem ohne Folter abgelegten Geständnis nach hatte diese Tochter aus angesehener Familie in Emmerich einen jungen Mann heiraten wollen, mit dem ihre Eltern nicht einverstanden waren. Daraufhin ins Kloster Marienborn bei Xanten eingetreten, gebärdete sie sich als Besessene mit dem üblichen ansteckenden Treiben, das aus ähnlichen Fällen bekannt ist. Verhaftet, gestand sie Teufelspakt und -buhlschaft, Hostienschändung und Schädigung der Nonnen durch vom Teufel bezauberte Eßwaren. Es fehlt der Hexensabbat. Zwar kommen in ihrem Geständnis auch Tänze vor, aber außer ihr nehmen keine Menschen, sondern nur Dämonen daran teil. Das entscheidende Kriterium des Hexenprozesses, der kollektive Hexenbegriff, fehlt, weshalb es auch beim Prozeß gegen diese einzelne Frau bleibt. Selbst W.G. Soldan, obschon sonst nicht konsequent in der Unterscheidung von Zauberei- und Hexenprozeß, knüpft an die Beschreibung dieses Falles die Bemerkung: »Man sieht, die Zauberin war hier noch keine richtige ›Hexe‹, und der Prozeß, den man ihr machte, war noch kein richtiger Hexenprozeß im Sinne des Hexenhammers«.[26]

Wie das allmähliche Eindringen der Hexenlehre in die traditionellen Formen der Zauberei aussehen kann, zeigt sehr deutlich der folgende Fall aus der Markgrafschaft Bayreuth. Das sog. Markgrafenland ist wahrscheinlich von Hexenprozessen weitgehend freigeblieben, zumindest können Massenprozesse wie in den benachbarten fränkischen Fürstbistümern ausgeschlossen werden.[27] Selbstverständlich blieb auch dieses Territorium nicht vom Eindringen der Hexenlehre verschont, doch erwiesen sich hier die Gerichtsherrren als ziemlich prozeßunwillig. Das erste bekannte Aktenstück bezieht sich auf ein Verfahren vom April/Mai 1569, durchgeführt unter Leitung des Vogtes in Creußen, südlich von Bayreuth. Die Anzeige ist von den Ortsgeistlichen ausgegangen, die auch bei den ganzen weiteren Untersuchungen die wichtigste Rolle spielen. Die Angeklagte, Katharina, verheiratet mit Bastian Göser aus dem Dorf Birk, war wegen Wahrsagerei und zauberhafter Kuren in Untersuchungshaft gekommen. Was sie in ihrem Dorf trieb, läßt sich nur ansatzweise und mit einigem Wohlwollen als Volksmedizin bezeichnen. Sie empfahl ihren Nachbarn im Krankheitsfall bewährte Hausmittel wie Baden und Schwitzen, doch der größte Teil ihrer Behandlungen bestand aus rein abergläubischen Praktiken wie etwa folgende Gichtkur. Zur Diagnose warf sie fünf Haferkörner in einen Löffel mit Wasser und sagte einen Zauberspruch: Gingen die Körner dabei unter, hatte der Betreffende die Gicht gehabt und war nunmehr kuriert. Außerdem besaß sie einen »Wetterstein«, mit dessen Hilfe sie wahrsagen konnte, z. B. hatte sie einer Zeugin einmal angeboten, ihr über Aufenthalt und Wohlergehen ihres verreisten Mannes durch Blick in den Wetterstein Auskunft zu geben. Da sie »ein guldenes Sonntagskind« sei, habe sie den Stein im Alter von 21 Jahren unterm Gras gefunden.

In Wirklichkeit wurde ihr das Glück des Sonntagskindes lebensgefährlich. Ein Geistlicher aus Creußen und ein aus Bayreuth zu Hilfe geholter Pfarrer ließen aus diesem Gemisch volkstümlichen Aberglaubens einen Hexenprozeß werden. Daß diese Geistlichen die Hexenlehre nicht nur selbst kannten, sondern sie auch schon in popularisierter Form von den Kanzeln verbreitet hatten, geht klar aus Frau Gösers Aussage hervor, wonach ihr die Hexenpredigt Angst gemacht habe. Die Vernehmungsprotokolle zeigen nun jeden einzelnen Schritt, mit dem die Geistlichen in zermürbenden Verhören der Angeklagten die Hexenlehre suggerieren. Nach einem ganztägigen Verhör schreiben sie: ». . . brachten wir sie dahin, daß sie sagte, es wäre ihr zuerst ein schwarz Männlein erschienen, welches gesagt, sie solle den Rasen aufheben, da werde sie einen Stein finden, darinnen sie Karten sehen möge«. Nachdem man ihr in weiteren Vernehmungen eingeredet hat, das Männlein müsse einen Geißfuß gehabt haben, wird sie schließlich zu dem Geständnis gebracht, das Männlein habe ihr angeboten, ihr die Heilkunst beizubringen – und dies, so die Geistlichkeit, sei unmöglich »ohne absonderliche Verbindung mit dem Satan«. Damit war Frau Göser zwar schon sehr nahe am Teufelspakt, aber den nächsten Schritt, das Geständnis der Teufelsbuhlschaft, verweigerte sie. Erst der daraufhin eingesetzte Scharfrichter konnte ihr mit der Tortur die entsprechende Aussage abpressen. Völlig gebrochen und für den Widerrufsfall mit erneuter Folter bedroht, bestätigte sie am nächsten Tag ihr Geständnis und ihre Bereitschaft, die Todesstrafe erdulden zu wollen. Daß ihr Mann für sie eine Bittschrift einreichte, daß sie selbst sich noch einmal aufraffte und ihr Geständnis als nur durch die Tortur erzwungen schriftlich widerrief – das alles hätte ihr in der Hauptzeit der Hexenprozesse und in einem anderen Territorium nichts mehr geholfen. Hier aber fällte das Kulmbacher Gericht unter Vorsitz des Gerichtsherrn, des Markgrafen, ein Urteil, daß die Angeklagte lediglich mit einer Kirchenbuße belegte. Dieses Verfahren gegen Katharina Göser ist noch nicht bis zum Hexensabbat und bis zur Erfolterung von Komplizen vorgedrungen, doch wird eben darin deutlich, in welch schmalem Grenzbereich man sich in dieser Übergangsphase bewegt.

Da im folgenden die Anwendung der voll entfalteten Hexenlehre zur Unterscheidung zwischen Zauberei- und Hexenprozeß herangezogen wird, sei von der Entwicklung dieser Lehre so viel vorweggenommen, daß alle ihre einzelnen Bestandteile etwa um 1430 zum geschlossenen System der Hexenlehre zusammengesetzt sind – so jedenfalls nach J. Hansen, dem besten Kenner dieser Materie, der 1900 eine gründliche Untersuchung über »Zauberwahn, Inquisition und Hexenprozeß im Mittelalter und die Entstehung der großen Hexenverfolgung« vorgelegt hat. Wenn dies zutrifft, kann vor dem 15. Jahrhundert von Hexenprozessen nicht gesprochen werden, eine Meinung, der die Literatur weder einhellig folgte noch folgt.

Um mit einem älteren Beispiel zu beginnen: 1888 erschien in der Zeitschrift für Kirchengeschichte, übersetzt und kommentiert, folgender kurzer Bericht aus einer Aufzeichnung des 11. Jahrhunderts, geschrieben in der Benediktinerabtei Weihenstephan bei Freising: »Als im Jahre 1090 Meginward und Hermann um das Bistum (Freising) stritten und keines Menschen Sinn Recht und Unrecht unterschied, wurden die Einwohner von Vötting (einem Dorfe am Fusse des Berges von Weihenstephan) von Neid aufgereizt zu teuflischer Wut entflammt gegen drei arme Weiber, als seien sie Giftmischerinnen (veneficae) und Verderberinnen von Menschen und Frucht. Sie ergriffen dieselben frühe, als sie noch im Bette lagen, unterzogen sie der Wasserprobe, fanden aber keine Schuld an ihnen; da geisselten sie dieselben grausam und wollten ihnen ein Geständnis von einigen Dingen, die sie ihnen lügenhaft vorwarfen, erpressen, aber sie konnten es nicht. Darauf gingen einige von ihnen zu dem Volke von Freising und bewogen den Rudolf und den Konrad, dass sie Haufen Volkes zusammenbrachten. Und sie kamen über die Weiber, griffen sie und führten sie nach Freising. Und wiederum geisselten sie dieselben, konnten aber kein Geständnis der Giftmischerei von ihnen erpressen. Da führten sie dieselben an das Ufer des Isarflusses und verbrannten sie alle drei zusammen; eine von ihnen ging mit einem lebenden Kinde schwanger. Und so erlitten sie im Feuer den Märtyrertod am 18. Juni und wurden von einem Blutsverwandten an dem Ufer begraben. Später trugen sie ein Priester und zwei Mönche hinweg und begruben sie im Vorhofe von Weihenstephan in der Hoffnung, daß sie in Wahrheit der christlichen Gemeinschaft würdig seien«.[28]

Der Kommentator hat seinem Artikel die Überschrift gegeben: »Ein Hexenprozess im elften Jahrhundert«, denn für ihn sind mit Neid als Motiv, Wasserprobe, Folter und Hinrichtung durch Verbrennen alle Momente eines solchen gegeben. Das ist aber gerade nicht der Fall. Einmal fehlt der wichtigste Bestandteil, der Hexensabbat, der kollektive Hexenbegriff, den erst die spätere Hexenlehre entfaltet. Sodann ist hier die Kräfteverteilung im Gegensatz zu den Hexenprozessen eine ganz andere, denn unabhängig vom Realitätsgehalt des Berichts kann über seine Stellungnahme kein Zweifel herrschen. Der Mann der Kirche verurteilt diesen Ausbruch von Volkswut, der als »teuflisch« bezeichnet und letztlich auf einen innerkirchlichen Zerfall zurückgeführt wird im Gefolge eines Kampfes zweier Gegenbischöfe. Vierfach wird die Verurteilung verschärft: Das Ordal spricht für die Frauen, trotz zweimaliger Folterung kann ihnen kein Geständnis entrissen werden, ein ungeborenes Kind wird mitverbrannt, und schließlich werden sie als Märtyrerinnen bezeichnet.

Damit ist kein Einzelfall angesprochen. F. W. Siebel beginnt seine Übersicht über die Hexenprozesse in der Reichsstadt Köln mit einem

Fall aus dem Jahre 1074.²⁹ Damals wurde eine Frau von der Stadtmauer gestürzt und so getötet, weil man sie beschuldigte, bei mehreren Menschen Wahnsinn durch »magische Künste« (magicis artibus) erzeugt zu haben. F. W. Siebel hat gegen die Bezeichnung »Hexenprozeß« für diesen Fall nur deshalb Bedenken, weil er keinen ordentlichen Prozeß, sondern einen Akt von Lynchjustiz vermutet. Um auch ein Gegenbeispiel zu nennen: Mustergültig durchgeführt ist die Trennung von altem, überall anzutreffenden Schadenzauber und seiner strafrechtlichen Verfolgung und den im 15. Jahrhundert aufkommenden neuen Hexenprozessen in F. Byloffs Untersuchung zur Geschichte der Hexenprozesse in Steiermark.³⁰

Ganz anders stellt sich das Problem in einigen neueren amerikanischen und französischen Arbeiten dar.³¹ Ihr am Gegensatz zwischen Volkskultur und Elitenkultur orientierter Forschungsansatz sieht in der Hexenlehre lediglich die Interpretation der Zauberei als diabolische Hexerei durch die Vertreter der Elitenkultur und verwirft daher die strenge Unterscheidung. Dem ist grundsätzlich zuzustimmen – nur ändert das nichts an der Tatsache, daß erst die Durchsetzung dieser Interpretation die Massenprozesse ermöglicht hat. Insofern gibt es keinen Grund, die alte und immer noch richtige Feststellung Joseph Hansens aufzugeben, derzufolge die traditionellen Zaubereivorstellungen niemals von sich aus über strafrechtliche Einzelfälle hinausgeführt hätten.³²

Der englische Historiker S. H. Steinberg hat sich mit Vehemenz gegen Vorstellungen gewandt, die landläufig mit dem rund fünfzigjährigen Ringen der europäischen Mächte in der ersten Hälfte des 17. Jahrhunderts verbunden sind, das nach festverwurzeltem Sprachgebrauch »Dreißigjähriger Krieg« genannt wird. Dieser Ausdruck ist für ihn, ähnlich wie die »Rosenkriege« in England, ein »Produkt rückschauender Phantasie«, über dessen Zählebigkeit er sich freilich keine Illusionen macht: »Die unbezweifelbare Handlichkeit beider Ausdrücke dürfte jedoch im Bunde mit ihren tief eingewurzelten, wiewohl unrichtigen, gefühlsmäßigen Assoziationen alle Versuche vereiteln, sie in die Gebiete des Journalismus und der Romanliteratur zu verweisen«.³³ Ob man S. H. Steinbergs Thesen zum Kampf um die europäische Suprematie nun teilt oder nicht – seine Prognose über die Unveränderbarkeit gewisser handlicher Ausdrücke ist zweifelsohne zutreffend. Das gilt auch für die Ausdrücke »Hexen« und »Hexenprozesse«. Selbst wenn sich alle Forscher darüber einig wären, sie für die

Neuzeit zu reservieren, würden sie gleichwohl weiter zur Bezeichnung aller möglichen magischen, okkulten und obskuren Erscheinungen aller Länder und aller Zeiten dienen. Die »Hexe von Endor« des Alten Testaments hat keine Aussicht auf Namensänderung, obschon sie von den Opfern der Hexenprozesse weiter entfernt ist als nur einige tausend Jahre!

II. Verbreitung der Prozesse in Deutschland

1. Voraussetzungen

a) Die Hexenlehre und ihre Gegner

Als die Verfasser des »Hexenhammer« (1487) in der Vorrede ihren Lesern versicherten, sie lieferten nur eine Zusammenstellung aus den Werken anderer Autoren und hättten von sich aus »nur weniges, fast nichts« hinzugefügt, da gefielen sie sich keineswegs in gezierter Bescheidenheit. Das Buch ist tatsächlich eine systematische Zusammenfassung jener Hexenlehre, deren Bestandteile aus verschiedenen Überlieferungssträngen im Spätmittelalter zusammengeflossen waren.[34] In dieser Systematisierung aber lag die Wirkung: Der »Hexenhammer« wurde zu einem sehr verbreiteten Handbuch der Hexenlehre. Entstehung und Entwicklung dieser Lehre sind seit dem grundlegenden Werk von J. Hansen der wohl am besten erforschte Teilbereich im Gesamtkomplex Hexenprozesse.

Grundlage der Lehre war die Vorstellung von der schädigenden Zauberei, angereichert mit verschiedenen Elementen des Volksaberglaubens. Die Angst nicht nur vor heimlich wirkenden, unentdeckbaren Giften, sondern vor allen möglichen Fernwirkungen magischer Praktiken verband sich im 14. Jahrhundert mit der Vorstellung fliegender weiblicher Nachtgespenster, die in den verschiedenen Kulturbereichen verschiedene Ausgestaltung gefunden hatten: als Vampyr, als kinderfressende Spukgestalt usw. Die römische Striga flog als Eule durch die Nacht, wobei sie die Tierverwandlung durch Einreibung einer Zaubersalbe vollzog; ihre germanischen Schwestern ritten auf gespenstischen Tieren oder auf der Freia geweihten Besen – man sieht, die einzelnen Elemente der Hexenlehre sind uralt. Das gilt natürlich auch für die Vorstellung vom Geschlechtsverkehr zwischen Menschen und Göttern bzw. zwischen Menschen und den vom Christentum zu Dämonen umgedeuteten heidnischen Göttern: So ist z. B. aus der Cybele, der Magna Mater deum, der großen Mutter der Götter, die Magna Mater daemonum, die Große Mutter der Teufel, letztlich Teufels Großmutter geworden.[35] Die nächste und entscheidende Ausgestaltung erfolgte durch die Verbindung mit dem in der mittelalterlichen Kirche entwickelten Ketzerbild, dem zufolge Ketzer kollektiv auftreten, unter Verleugnung Gottes einen Pakt mit dem Teufel schließen und sich nächtens an abgelegenen Orten mit Dämonen zu scheußlichen Orgien treffen. Nach J. Hansen sind alle Einzelteile um 1430 zur geschlossenen Hexenlehre zusammengesetzt, der nur noch die einseitige Ausrichtung auf Frauen hinzugefügt wurde.[36]

Da der 1479 zum Inquisitor für Oberdeutschland ernannte Dominikaner Heinrich Institoris bei seinen Versuchen, Hexenprozesse zu führen, auf große Schwierigkeiten stieß, ist das hauptsächlich, vielleicht sogar ausschließlich von ihm verfaßte Handbuch »Malleus maleficarum« zu dem Zweck geschrieben, die Obrigkeiten zur Durchführung solcher Verfahren zu veranlassen.[37] Um seinem Werk zu größtmöglicher Wirksamkeit zu verhelfen, gab er seinen angesehenen Ordensbruder und Professor an der Universität Köln, Jakob Sprenger, unrichtigerweise als Hauptverfasser an. Zudem stellte er dem Buch ein Gutachten der Kölner Theologischen Fakultät voran, das wahrscheinlich gefälscht ist. Schließlich verschaffte er sich von Papst Innozenz VIII. die Bulle »Summis desiderantes affectibus«, datiert vom 5. Dez. 1484, die ebenfalls dem Buch einverleibt wurde. Die Bulle selbst stellt das Ende jenes Umkehrungsprozesses dar, den die kirchliche Autorität vom 13. Jahrhundert an in ihrer Einstellung zum Volksaberglauben über fliegende weibliche Nachtgespenster vollzogen hat: War die Kirche im frühen und hohen Mittelalter bestrebt, derartige Vorstellungen als heidnische Überreste zu bekämpfen, so bekräftigte sie nun die voll entfaltete Hexenlehre und stellte ihre Autorität in den Dienst der Hexenjäger.

Dieses klassische Handbuch der Hexenlehre besteht aus drei Teilen, von denen der erste systematisch auf Zauberei und die Rolle von Teufel und Hexe eingeht, der zweite auf die von Hexen verübten Fälle von Schadenzauber und der dritte auf die Prozeßführung oder – wie es im Untertitel bündig heißt – auf »die Arten der Ausrottung«. Es ist in der Tat ein Ausrottungsbuch von gediegener Gründlichkeit, das unter Aufbietung größten Gelehrtenfleißes die Mitmenschen vor den unglaublichen Greueltaten der Hexensekte bewahren möchte. Vor den Greueltaten der Hexen – darin liegt das Neue, das zur schon ausgebildeten Hexenlehre noch Hinzukommende: die Konzentration auf Frauen. Die darin abgedruckte päpstliche Bulle spricht noch von »Menschen beiderlei Geschlechts«, von denen diese Ketzerei vertreten wird, aber im »Hexenhammer« ist davon nichts mehr zu sehen, wie schon der Titel anzeigt.[38] Alle Schädigungen werden als Werke von Frauen beschrieben, und das ganze Buch ist durchtränkt mit Geschlechterhaß gegen Frauen. Deren höhere Anfälligkeit für teuflische Verführung wird im »Hexenhammer« wie in den systematischen Hexenbüchern des 16. und 17. Jahrhunderts mit einer angeblich gesteigerten Triebhaftigkeit in Verbindung gebracht, wie überhaupt die Sexualität in der Hexenlehre eine derart zentrale Rolle spielt, daß ihr die Forschung mit Recht große Aufmerksamkeit gewidmet hat. Darauf ist später noch zurückzukommen.[39]

Der »Hexenhammer« und die nachfolgenden Handbücher dieser Art sind, wie gesagt, unter Aufbietung großer Gelehrsamkeit abgefaßt und geben die Hexenlehre natürlich nicht in der hier vorgestellten Kurzfassung ihrer Hauptbestandteile: Teufelspakt, Teufelsbuhlschaft, Schadenzauber und Teufelstanz wieder. Das komplizierte, in lateinisch geschriebenen Büchern niedergelegte System war direkt nur den Gebildeten zugänglich, d. h. zu dieser Zeit in erster Linie Theologen und Juristen. Durch den Einsatz »oberschichtlicher Vermittlungsinstanzen« wurde die Hexenlehre in popularisierter Form verbreitet, wobei sich für die Masse der Bevölkerung die Hexenlehre nahtlos an die traditionelle Zauberei anschloß, wie denn auch die Quellen den traditionellen Sprachgebrauch weitgehend beibehalten.[40] Daß im Vergleich mit den alten Zaubereivorstellungen die Hexenlehre mit ihrem kollektiven Hexenbegriff etwas Neues darstellte, blieb sicher vielen verborgen.

Die Verbreitung der Hexenlehre in popularisierter Form erfolgte einmal durch die Geistlichen und zwar unabhängig von der Konfession. Wie dieser Vorgang im einzelnen aussehen konnte, hat der oben geschilderte Fall der Frau Göser aus der Markgrafschaft Bayreuth gezeigt. Die Mitwirkung von Geistlichen an solchen Prozessen ist oft belegt und in ihrer Wirkung nicht zu unterschätzen. Das Hauptmittel der Verbreitung war aber zweifelsohne die Kanzel. In der Auswertung gedruckter Predigttexte wird dies ebenso deutlich wie in zahlreichen Hinweisen in den Akten. Schon der »Hexenhammer« empfiehlt Predigtstoffe aus seinem Themenbereich.[41] Hexenpredigten sind nicht nur zahlreich gedruckt; es gibt auch landesherrliche Anweisungen, solche zu halten – bis hin zur Verkündigung der 300 innerhalb eines

Jahres vollstreckten Todesurteile gegen Hexen und Zauberer von der Kanzel des Würzburger Domes im Jahre 1617.[42]

Neben dem Anteil der Geistlichen an der Verbreitung der Hexenlehre ist derjenige der Juristen nicht übersehen worden. Allerdings haben hier die gesetzgeberischen Maßnahmen und die gelehrte Literatur so im Vordergrund gestanden, daß eines der suggestivsten Mittel zur Verbreitung der Hexenlehre etwas an den Rand des Blickfeldes geraten ist.[43] Obwohl sich der Inquisitionsprozeß durchgesetzt hatte, war vom alten Gerichtsverfahren – unmittelbar, mündlich und öffentlich – ein Relikt übriggeblieben, das im Inquisitionsprozeß gar keine Funktion mehr hatte, ein »entleertes Schaustück« war: der Endliche Rechtstag.[44] Es handelt sich um eine feierliche Gerichtssitzung mit Verlesung des vollen Geständnisses, dessen einzelne Punkte die Angeklagte bestätigt, woraufhin die Verurteilung erfolgt. In Wirklichkeit war der ganze Prozeß längst abgewickelt, das Urteil gefällt – der Endliche Rechtstag war lediglich eine Zeremonie, aus Tradition beibehalten. Als öffentliche Zeremonie aber hatte er eine Publikumswirksamkeit, die für die Verbreitung der Hexenlehre geradezu ideal war. Aus der Verlesung der in klarer und einfacher Sprache abgefaßten Geständnisse konnte jeder die Einzelheiten entnehmen. In Kurtrier sind bei der ersten großen Prozeßwelle um 1590 jahrelang nicht nur die Geständnisse, die Urgichten, öffentlich verlesen worden, sondern sogar die Namen der Besagten – eine intensivere Förderung von Zaubereiverdächtigungen und damit von neuen Opfern läßt sich kaum noch vorstellen.[45]

Eine weitere Möglichkeit, Beschuldigungen unters Volk zu bringen, macht der obrigkeitliche Eingriff zur Beseitigung von Mißständen in den kurtrierischen Hexenprozessen 1591 deutlich: das Gerede der Beteiligten. Mochte man dem Scharfrichter mit Leibesstrafe drohen und den Beamten ihre Schweigepflicht einschärfen, es änderte alles nichts daran, daß bei großen Prozeßwellen immer wieder Besagungen nach außen drangen.[46] Für strikte Verschwiegenheit war der Personenkreis zu groß. Beispielsweise wurden die Zeugen durch Handgelöbnis zum Schweigen verpflichtet, aber bei derart vielen Zeugen ist es ganz unwahrscheinlich, daß wirklich alle schweigen. Die Akten lassen auch oft genug erkennen, daß Besagungen im Gespräch waren. Dazu kommen noch sozusagen »technische Pannen«, wie sie etwa die Beschwerde eines Vaters in der Grafschaft Waldeck von 1630 zeigt, daß nämlich seine Tochter »bey angeklagten Hexen im Gemach sey und von einem alten dauben und halbblinden Wächter verwahret werde, nit ohne Gefahr, etwas Böses zu lernen, falls es noch nichts wüßte«.[47]

Obschon von der großen Mehrheit der Gebildeten akzeptiert, ist die Hexenlehre in Deutschland doch zu keiner Zeit völlig unangefochten gewesen. In der ganzen Zeit der Prozesse hat es immer Einzelne gegeben, die literarischen Widerstand geleistet haben, teils in vorsichtiger Kritik, teils in massiven Angriffen. An den Anfang des theoretischen Pro und Contra kann man mit Recht den »Malleus maleficarum« stellen. Daß er sich schon um 1500 »in Kreisen der Rechtsgelehrten des Ansehens eines Gesetzbuches erfreut hat«, ist nicht wörtlich zu nehmen.[48] Vor allem wurde die Hexenlehre nicht so schnell akzeptiert, wie die Auflagenzahl des »Malleus« in den Jahrzehnten um 1500 glauben machen könnte. Es muß daran erinnert werden, daß nach der 13. Auflage, einem Kölner Druck von 1520, der »Malleus« volle 60 Jahre in Deutschland nicht mehr erschien. Die 14. und 15. Auflage wurden 1574 und 1576 in Venedig gedruckt. Erst mit der nächsten Auflage, Frankfurt a. M. 1580, begann eine neue Verbreitungswelle.[49] Hier dürfte eher R. Stintzings Feststellung gelten: »Die deutsche Jurisprudenz hat sich bis in die zweite Hälte des 16. Jahrhunderts die Begünstigung der Hexenprozesse nicht zu Schulden kommen lassen«.[50] Herausragende Etappen in der literarischen Auseinandersetzung sind nach dem »Malleus« und J. Weyers aufsehenerregender Schrift von 1563 die beiden letzten Jahrzehnte des 16., die 30er und 40er Jahre des 17. Jahrhunderts und schließlich der mit C. Thomasius' Namen verbundene Schlußkampf der Aufklärung gegen die Hexenlehre um 1700.

Johann Weyer (1515 oder 1516 – 1588), auch in der Schreibweise Wier, Wyer, Wierus und ähnlich bekannt, stammte aus Nordbrabant, verbrachte aber nach dem Medizinstudium in Paris und Orléans den größeren Teil seines Lebens als Leibarzt des Herzogs von Kleve-Jülich-Berg in Düsseldorf, nämlich von 1550 bis 1578.[51] Hier schrieb er auch sein Buch »De praestigiis daemonum et incantatoribus ac veneficiis« (Von den Blendwerken der Dämonen sowie von Bezauberungen und Vergiftungen), das erstmals 1563 in Basel erschien. In den folgenden Jahren kamen noch fünf Ausgaben des Werkes in lateinischer Sprache heraus sowie drei deutsche und drei französische Ausgaben; dazu sind noch zwei Kurzfassungen und eine Ausgabe innerhalb der »Opera omnia« zu nennen.[52] Wie der Titel erkennen läßt, bestreitet J. Weyer weder die Macht des Teufels, noch die Existenz von Hexen, aber die Aussagen der letzteren beruhen seiner Meinung nach nicht auf Wirklichkeit, sondern auf Einbildung, eben auf Blendwerken der Dämonen. Dies ist der Grundgedanke des Buches, daß Hexen keine Ketzerinnen sind, sondern unwissende, melancholische, vom Teufel getäuschte Frauen. Die Hexen sind für J. Weyer die eigentlichen Verhexten, die auf der Folter Untaten gestehen, die in Wirklichkeit der Teufel allein ins Werk gesetzt hat. In Konsequenz verlangt er von den Gerichten, nur auf ein Geständnis hin kein Urteil auszusprechen, sondern entweder echte kriminelle Handlungen nachzuweisen oder die Gefangene freizulassen.

Ob die Verbindung dieser Thematik mit konfessioneller, nämlich antikatholischer Polemik der Wirkung des Buches abträglich war, muß dahingestellt bleiben.[53] Gewirkt haben seine Ausführungen direkt auf seinen Landesherrn, und insofern hat J. Weyer einen gewissen Anteil an der Tatsache, daß Kleve-Jülich-Berg zu den prozeßarmen Gebieten des Alten Reiches zählt. Indirekte Wirkungen sind in einigen Fällen zumindest wahrscheinlich.[54] Geschadet hat der Wirkung von J. Weyers Schrift mit Sicherheit der Angriff von Jean Bodin, dessen internationales Ansehen bei dieser Auseinandersetzung ins Gewicht fiel.

Der Verfasser der berühmten »Six livres de la République« hat sich als bedeutender Staatstheoretiker, als Verfechter der Souveränitätslehre und der konfessionellen Toleranz einen Namen gemacht, so daß die Forschung zunächst etwas hilflos vor der Diskrepanz stand, in Jean Bodin (1529–1596) zugleich einen der fürchterlichsten Verfechter der Hexenlehre anerkennen zu müssen. Voltaire verlieh ihm deswegen den Beinamen »procureur général de Belzebuth«.[55] Andere konstatierten schlicht einen Bruch zwischen der »aufgeklärten« Grundhaltung einerseits und dem dämonengläubigen Fanatismus andererseits.[56] Heute ist man dazu übergegangen, sein Gesamtwerk vor dem Hintergrund des gesellschaftlichen und ideologischen Chaos seiner Zeit zu sehen, das ihn sowohl die »République« wie die »Démonomanie« entwerfen ließ.[57] Das Buch »De la démonomanie des sorciers«, zuerst 1580 in Paris erschienen, erlebte in 25 Jahren 15 Auflagen in verschiedenen Sprachen und erfreute sich zur Zeit der Hexenprozesse auch in Deutschland großen Ansehens. Nach Abschluß des Manuskripts, so teilt J. Bodin dem Leser mit, habe ihm der Drucker das Buch von J. Weyer ins Haus geschickt, das er mit Entsetzen und Grauen gelesen habe. Daraufhin schob er die Drucklegung seiner Werkes hinaus, bis ein weiterer, fünfter Teil geschrieben war, der ausschließlich mit dem Hexenverteidiger J. Weyer ins Gericht ging.[58]

Die deutsche Übersetzung der »Démonomanie« unter dem Titel »Vom aussgelasnen wütigen Teuffelsheer« besorgte 1591 der bekannte Satiriker Johann Fischart, der sich auch um neue Auflagen des »Hexenhammer« bemüht hat.[59] Damit steht er in der großen Zahl einschlägiger Publikationen, die in den beiden letzten Jahrzehnten des 16. Jahrhunderts erschienen sind. Verfechter der Hexenlehre haben in dieser Zeit viel veröffentlicht, Gegner nur wenig, und der kühnste Gegner wurde mit Erfolg unterdrückt. In der Trierer Prozeßwelle der Jahre um 1590 hatte man den bewährten Kontroverstheologen und Streiter gegen den Protestantismus Cornelius Loos (1546–1595) damit beauftragt, ein Buch gegen J. Weyer zu schreiben. Der Trierer Weihbischof und eifrige Befürworter der Hexenprozesse Peter Binsfeld (1540–1603) war in seinem zuerst 1589 erschienen »Tractatus de Confessionibus Maleficorum et Sagarum« schon selbst gegen J. Weyer aufgetreten, doch jetzt sollte C. Loos ihn mit System bekämpfen.[60] Die Lektüre von Weyers Schrift und die eigenen Trierer Erfahrungen ließen ihn das Gegenteil schreiben.[61] Eingebildet sind für ihn die ganzen teuflischen Taten, die Geständnisse erzwungen durch die Tortur; eine neue Art von Alchemie nennt er die Prozesse, mit deren Hilfe Menschenblut in Gold und Silber verwandelt werde. 1591 schickte C. Loos seinen »Tractatus de vera et falsa magia« einem Kölner Drucker, ohne ihn vorher der Zensur eingereicht zu haben. Der Druck wurde schon begonnen, als der Kölner Nuntius alles beschlagnahmen ließ. C. Loos wurde zum Widerruf gezwungen und ausgewiesen. Später als Pfarrer in Brüssel fuhr er fort, brieflich gegen die Hexenprozesse zu kämpfen, kam vorübergehend in Haft und entging einer weiteren Festnahme nur durch den Tod.

C. Loos stammte aus Gouda in Holland, emigrierte aber als Katholik in die spanischen Niederlande, wo er auch nach seinem Aufenthalt in Mainz und Trier wieder eine Heimat fand. In dieser Hinsicht berührt er sich mit dem von spanischen Eltern in Antwerpen geborenen Jesuiten Martin Delrio (1551–1608), der ebenfalls hauptsächlich in den spanischen Niederlanden lebte.[62] In ihrer Einstellung zur Hexenfrage sind sie allerdings diametral entgegengesetzt. M. Delrio hat in seinen erstmals 1599 in Löwen erschienenen und insgesamt 25 mal aufgelegten »Disquisitionum magicarum libri sex« die schärfste Haltung vertreten und dabei J. Weyer, aber auch namentlich C. Loos, heftig angegriffen. M. Delrio hat die 16 Artikel von C. Loos' Trierer Widerruf seinem Werk eingefügt, um die abgründige Dummheit dieses Menschen darzutun.[63] Die Verbindung von abstraktem Denken und Irrationalität in den systematischen Hexenbüchern des 15. bis 17. Jahrhunderts tritt auch in dieser Arbeit M. Delrios zutage, den eine überdurchschnittliche Begabung und eine enorme Belesenheit auszeichneten.[64]

Den Jesuiten Friedrich von Spee (1591–1635) neben den Jesuiten Martin Delrio zu stellen, heißt zugleich hervorheben, daß der Jesuitenorden in der Hexenfrage seinen Mitgliedern keine verbindliche Haltung vorschrieb. Wegen der Veröffentlichung der »Cautio Criminalis« im Jahre 1631 hat F. v. Spee sowohl Anfeindungen als auch Schutz dagegen von Ordensmitgliedern erfahren.[65] Das Erscheinen des berühmten, anonym veröffentlichten Buches ist trotz intensiver Forschung immer noch von Rätseln umgeben. Im Nachwort zur ersten Auflage hat ein Ungenannter geschrieben, er habe einen »frommen Diebstahl« begangen und das geliehene Manuskript ohne Wissen des Verfassers nach Rinteln zum Drucker geschickt.[66] Der »fromme Dieb« ist nicht identifiziert, und dies wirft eine Reihe von Problemen auf. Dazu kommen die komplizierten Verhältnisse am Druckort. Der Drucker, Peter Lucius, war Universitätsbuchdrucker der 1621 als lutherische Landesuniversität der Grafschaft Schaumburg gegründeten Academia Ernestina.[67] Infolge des Restitutionsedikts waren 1630 Benediktiner in den Besitz des Universitätsgebäudes und der Universitätsgüter als ehemalige Klostergüter gekommen und hatten für ihren Ordensnachwuchs die Theologische und Philosophische Fakultät übernommen. J.-F. Ritter vermutet deshalb, der mit F. v. Spee befreundete Corveyer Benediktinerprior habe den Druck vermittelt: »Es mag den neuen Herren gar nicht so unlieb gewesen sein, dem noch kurz vorher bei Peter Lucius erschienenen Buch des protestantischen Professors Hermann Goehausen, »Processus juridicus contra sagas et veneficos, das ist: Rechtlicher Prozeß, wie man gegen Unholdten und Zauberische Personen verfahren soll«, nun die »Cautio Criminalis« nachzuschicken, die sich in ihren letzten Kapiteln sehr polemisch mit dem neuesten Buch des hexenwütigen Protestanten auseinandersetzt und seine Argumente als lächerlich und absurd kritisiert«.[68]

Der Empfehlung des Staatsgesetzbuches von 1532 (Carolina) folgend wurden bei Hexenprozessen oft die Akten an eine Juristenfakultät geschickt, deren Entscheidung dann als rechtsverbindlich galt. Die

Rintelner Juristenfakultät vertrat in solchen Fällen einen extrem scharfen Standpunkt, mit dem sie zur Intensivierung der Hexenprozesse in Ostwestfalen kräftig beitrug. Dieser Haltung in der Praxis entsprach theoretisch das Buch von Professor Goehausen (1593–1632), ein Jahr vor der »Cautio Criminalis« beim gleichen Drucker gedruckt. Aber schon 1629 war erst in Aschaffenburg und dann in Köln ein Traktat gedruckt worden, der den gleichen Titel trug wie H. Goehausens Buch von 1630. Er war geschickt mit dem Namen des Jesuiten Paul Laymann verknüpft, der sich in seiner erstmals 1625 publizierten »Theologia moralis« kurz mit dem Hexenprozeß befaßt hatte. Der anonyme Traktat verschärfte und verfälschte damit P. Laymanns Einstellung zum Hexenprozeß. In einer langen Forschungskontroverse um 1900 ist dies P. Laymann angelastet worden, bis B. Duhr dessen Verfasserschaft ausschließen konnte, ohne jedoch die Autorenfrage zu klären.[69] Die Titelgleichheit weist den richtigen Weg – es handelt sich in Wirklichkeit um einen Teil von H. Goehausens Werk.

Die »Cautio Criminalis«, die gegen H. Goehausen einen direkten Angriff richtet, erkennt zwar anfangs genau wie J. Weyer die Realität der Hexerei grundsätzlich an, geht dann aber, gestützt vor allem auf eigene Erfahrung, so radikal mit den Hexenprozessen ins Gericht, daß der Eingangsvorbehalt gegenstandslos bleibt. Die sog. »Hexen« sind für F. v. Spee völlig unschuldige Menschen, und nur die Folter erpreßt die Geständnisse. Daraus leitet er ganz konsequent zwei Forderungen ab: die sofortige Einstellung aller Hexenprozesse und die Beseitigung der Folter aus der gesamten Gerichtspraxis. Daß die letztgenannte Forderung bekanntlich erst von den Strafrechtsreformen der Aufklärungszeit verwirklicht worden ist, zeigt beispielhaft die Einzigartigkeit dieses Buches in seiner Zeit. Direkt gewirkt hat es auf Johann Philipp v. Schönborn, der 1642 Fürstbischof von Würzburg und später Kurfürst von Mainz wurde, und auf die schwedische Regierung, die 1649 die Prozesse für Bremen und Verden verbot.[70] Gewirkt hat aber auch H. Goehausens Buch, denn überall in Deutschland wurde es zitiert; zwischen Kiel und Tübingen bezogen es die Juristenfakultäten in ihre Gutachten ein, solange entsprechende Prozesse geführt wurden. H. Goehausen war als Professor an der Universität Rinteln selbst Praktiker und hat sein Werk so geschrieben, wie in der Juristenfakultät entschieden wurde, indem er auf solche Entscheidungen dauernd Bezug nimmt. Diese starke Praxisbezogenheit ließ sein Werk zu einem Handbuch werden für alle Praktiker, für alle Mitglieder von Spruchkollegien wie für ländliche Richter. Der »Processus juridicus« verzichtet auf alle Erörterungen über die Natur der bösen Geister und dergleichen und beschränkt sich kurz und präzise auf das, was die Richter interessierte: Indizien, Tortur, Straftat, Konfiskation.

H. Goehausens Buch besteht aus zwei Teilen: dem eigentlichen »Processus juridicus« und den »Decisiones«. Der erste Teil, der mit P. Laymanns Namen verbunden gesondert 1629 erschien, enthielt auch lange Passagen aus P. Laymanns »Theologia moralis«, jedoch mit erheblichen Erweiterungen. Der ganz katholisch gefärbte Inhalt müßte bei einem lutherischen Professor zwar befremden, ließe sich aber durch den Hinweis auf die angebliche Verfasserschaft eines Jesuiten erklären. Dagegen wäre die Veröffentlichung des unveränderten, nur um die »Decisiones« erweiterten Textes von 1630 unter H. Goehausens Namen unerklärlich – wüßte man nicht, daß H. Goehausen zu dieser Zeit Katholik war![71] Der Briefwechsel zwischen den bekannten Akteuren der Gegenreformation in Nordwestdeutschland, Franz Wilhelm v. Wartenberg, Fürstbischof von Osnabrück, und dem Paderborner Weihbischof Johann Pelking, beweist die konfessionelle Einstellung des Rintelner Juristen und seine Zusammenarbeit mit diesen Männern. Daß Weihbischof und Professor über F. v. Spees »pestilentissimus liber« einer Meinung waren, kann als sicher gelten. Es würde den Rahmen dieser knappen Übersicht sprengen, die Einzelheiten der innerkatholischen Parteiungen – etwa die Rivalität zwischen den alten Orden und den Jesuiten bei der Durchführung des Restitutionsedikts – zu diskutieren; es sei nur auf die Möglichkeit aufmerksam gemacht, daß die beiden Rintelner Publikationen zur Hexenfrage von 1630/31 mit derartigen Parteiungen zu tun haben können.

Die Arbeiten von H. Goehausen und F. v. Spee stehen gewissermaßen am Anfang des literarischen Kampfes der folgenden Jahre und Jahrzehnte, in dem übrigens in der Frühphase merkwürdig oft Rinteln als Druckort in Erscheinung tritt, ohne daß die Auseinandersetzungen hier nachgezeichnet werden können. Die Schlußphase des literarischen Kampfes wird in der Literatur übereinstimmend mit Balthasar Bekker (1634–1698) und Christian Thomasius (1655–1728) in Verbindung gebracht. Bedenken gegen eine übertriebene Einschätzung ihrer praktischen Wirksamkeit sind schon im Zusammenhang mit der Frage der Definition angemeldet worden, denn die massenhaft geführten Hexenprozesse hatten schon aufgehört, bevor der Schlußkampf gegen die Hexenlehre begann.

Der in der niederländischen Provinz Friesland geborene Balthasar Bekker hatte Theologie studiert und war Prediger in Amsterdam, als 1681 sein Buch »De betoverde Wereld« erschien, in dem nicht nur der Glaube an dämonische Kräfte, Zauberei und Hexerei bestritten, sondern die Existenz von Dämonen überhaupt in Frage gestellt wurde.[72] B. Bekker ging als Theologe vor, als Exeget, er überprüfte die Grundlagen der Hexenlehre am Text der Bibel mit dem Ergebnis, der Dämonen- und Hexenglaube stamme aus dem antiken Heidentum und sei in sich widerchristlich. Der gebürtige Leipziger C. Thomasius war dagegen Jurist, der 1694 als Mitglied der Juristenfakultät der Universität Halle in einem Hexenprozeß die Folterung der Angeklagten befürwortete, während seine Kollegen ihn überstimmten.[73] Dies löste seine Beschäftigung mit der einschlägigen Literatur aus, darunter die Werke von J. Weyer, F. v. Spee und B. Bekker. Der daraus folgende Sinneswandel war radikal. In seinen beiden berühmt gewordenen Dissertationen von 1701 (de crimine magiae) und 1712 (de origine ac progressu processus inquisitorii contra sagas) wandte er sich gegen das Kernstück der Hexenlehre, den Teufelspakt und die Buhlschaft, die zwischen einem Geist und einem Menschen nicht stattfinden könnten, und versuchte dann mit den Methoden der Geschichtsschreibung den Nachweis, die Paktvorstellung sei überhaupt erst im 15. Jahrhundert entwickelt worden. Als Erfolg der von C. Thomasius ausgelösten Kontroverse kann das Edikt des preußischen Königs von 1713 gewertet werden, »das praktisch die Beendigung der Hexenprozesse in Preußen einleitete«.[74]

Die Hexenbücher des 15. bis 18. Jahrhunderts, wie sie hier in einigen wichtigen Werken angesprochen wurden, sind in der Absicht geschrieben worden, die praktische Durchführung der Hexenprozesse zu beeinflussen, sie voranzutreiben, zu mäßigen oder abzustellen. Daß sie ihr Ziel zumindest teilweise erreicht haben, ist nachweisbar, z. B. im Fall der »Cautio Criminalis« und dem Ende der Prozesse in Bremen und Verden. Die Beziehung der Hexenbücher zu den Prozessen ist aber auch eine wechselseitige, indem die Durchführung der Verfahren allein schon ein wichtiges Argument für ihre Befürworter lieferte: Es werden Hexen verbrannt, also gibt es Hexen! Mit dem häufigen Hinweis auf die tägliche Erfahrung hat nicht nur Hermann Goehausen gearbeitet. Insofern war der Henker der wirkungsvollste Verbündete des gelehrten Verfechters.

In der Verbreitung und Durchsetzung der Hexenlehre durch die

Kirche hat ihr bester Kenner und Erforscher, Joseph Hansen, die eigentliche Ursache für die massenhaft geführten Prozesse sehen wollen: »Die Geißel der Hexenverfolgung ist demnach von der Theologie der christlichen Kirche geflochten worden. Niemals würde trotz allen alten Volkswahns und trotz aller in Wirklichkeit vorhandenen und mißdeuteten pathologischen Erscheinungen in den Strafprozessen der weltlichen Gewalten die absurde Vorstellung von der Teufelsbuhlschaft platzgegriffen haben, wenn nicht die den Geist der Zeit bevormundende Kirche sie wissenschaftlich erwiesen und mit ihrer Verwertung gegenüber den Opfern der Ketzerinquisition voraufgegangen wäre. Niemals würde auch die Vorstellung vom Hexensabbat und vom Hexenflug im weltlichen Strafrecht ihre verderbliche Rolle haben spielen können, wenn nicht der Ketzerprozeß der Kirche diese Ausgeburten religiösen Wahns durch mehrhundertjährige Praxis den verwirrten Köpfen der von ihr abhängigen Menschen glaubhaft gemacht hätte. In diesen Momenten vor allem aber liegt die Quelle der erbarmungslosen, aller Regungen der Humanität baren Massenverfolgung; die Ahndung der traditionell als wirksam angesehenen und gefürchteten Maleficien allein würde – das beweist der Verlauf der Entwicklung, die wir kennen gelernt haben, unwiderleglich – stets den Charakter strafrechtlicher Einzelfälle behalten haben«.[75] So gut damit auch die Möglichkeiten des neuen, kollektiven Hexenbegriffs im Gegensatz zum traditionellen Schadenzauber herausgearbeitet sind – es bleiben Möglichkeiten.

Angesichts der Verbreitung der Lehre über ganz Europa fällt ja zunächst auf, daß es gleichwohl nicht überall in Europa zu massenhaft geführten Hexenprozessen gekommen ist. Ferner fällt auf, daß selbst in Ländern mit vielen Prozessen diese keineswegs in gleichmäßiger Verteilung anzutreffen sind. In Deutschland treten – später noch näher zu beschreibende – Konzentrationen auf und zwar räumliche wie zeitliche Konzentrationen. So hoch man den Einfluß der Hexenlehre auch veranschlagen will, er kann die Konzentrationen bei der Durchführung von Hexenprozessen nicht erklären. Die anerkannte und verbreitete Hexenlehre bildet eine unumgängliche Voraussetzung für die Prozesse. Ist diese erfüllt, steht sie als Möglichkeit zur Verfügung. Wenn von dieser Möglichkeit aber vornehmlich in bestimmten Gebieten und dort vornehmlich zu bestimmten Zeiten Gebrauch gemacht wird, dann müssen wohl noch andere Faktoren wirksam gewesen sein.

b) Die Justiz

»Was suchen wir so mühsam nach Zauberern? Hört auf mich, ihr Richter, ich will euch gleich zeigen, wo sie stecken. Auf greift Kapuziner, Jesuiten, alle Ordenspersonen und foltert sie, sie werden gestehen. Leugnen welche, so foltert sie drei-, viermal, sie werden schon bekennen. Bleiben sie immer noch verstockt, dann exorziert, schert ihnen die Haare vom Leib, sie schützen sich durch Zauberei, der Teufel macht sie gefühllos. Fahrt nur fort, sie werden sich endlich doch ergeben müssen. Wollt ihr dann noch mehr, so packt Prälaten, Kanoniker, Kirchenlehrer, sie werden gestehen, denn wie sollen diese zarten, feinen Herren etwas aushalten können? Wollt ihr immer noch mehr, dann will ich euch selbst foltern lassen und ihr dann mich. Ich werde nicht in Abrede stellen, was ihr gestanden habt. So sind wir schließlich alle Zauberer . . .«.[76] Die Folter macht die Hexen – dies war die feste Überzeugung des Jesuiten Friedrich v. Spee, die sich bis ins 20. Jahrhundert hinein viele zu eigen gemacht haben, die dem Phänomen Hexenprozesse nachgegangen sind. Sie bedarf zwar der Ergänzung, doch steht andererseits fest, daß die zweite unabdingbare Voraussetzung für die massenhafte Durchführung von Hexenprozessen in der Folter, allgemeiner: im damaligen Strafrecht gesehen werden muß.

Auf dem Regensburger Reichstag von 1532 wurde ein Strafgesetzbuch angenommen mit dem Titel »Peinliche Halsgerichtsordnung Kaiser Karls V.«, später kurz die »Carolina« genannt. Die Reichsstände konnten zwar nur zur Annahme bewogen werden, indem eine besondere Klausel ihnen die Gültigkeit von Partikularrechten grundsätzlich zubilligte, doch hat sich trotzdem im materiellen Gehalt des Strafrechts eine weitgehende Angleichung an die Carolina durchgesetzt, die bis zu den Strafrechtsreformen der Aufklärungszeit in Geltung blieb.[77] Der Form nach eine Prozeßordnung, in die Vorschriften über Verbrechenstatbestände und ihre Bestrafung eingeschoben sind, also eine Mischung von Verfahrensrecht und materiellem Recht, bringt die Carolina zum einen dem Inhalt nach den endgültigen Sieg des Inquisitionsprozesses und zum anderen den Abschluß der Rezeption des römischen Rechts, der Übernahme des Corpus iuris und seiner Fortentwicklung durch italienische Juristen, auf dem Gebiet des Strafrechts.

Inquisitionsprozeß hat in diesem Zusammenhang nichts mit kirchlicher Gerichtsbarkeit zu tun, die in deutschen Hexenprozessen ohnehin nur in der Frühphase eine Rolle spielt, sondern mit dem Untersuchen (inquirere) von Amts wegen im Gegensatz zum Akkusationsprozeß, dem Verfahren auf Klage (accusare) einer Privatperson hin. Der Inquisitionsprozeß stellt die Überwindung der privatrechtlichen Auffassung des Strafrechts im Mittelalter dar, die im Verbrechen eine Verletzung der zunächst verletzten Privatperson sah, die selbst für die Klage zu sorgen hatte: wo kein Kläger, da kein Richter. Daß mit dem Inquisitionsprozeß die Folter verbunden war, hat für die Hexenprozesse natürlich allergrößte Bedeutung. Dem römischen Recht war die Folter ebenfalls geläufig. Die »quaestio«, die »Frage«, ist schlechthin die peinliche Frage, die Folter, und im Corpus iuris, Pandekten 48, 18, heißt es lakonisch: »In criminibus eruendis quaestio adhiberi solet« – bei der Ermittlung von Verbrechen pflegt die peinliche Frage angewendet zu werden.

Die Folter ist zwar nicht die Ursache der Hexenprozesse, aber für deren massenhafte Durchführung eine unerläßliche Voraussetzung. Dabei muß zunächst einmal klargestellt werden, wie relativ der Unterschied von »gütlichen« und »peinlichen« Aussagen ist, also von Geständnissen ohne und mit Folter. Der Tortur gingen mehr oder weniger lange und zermürbende Versuche voraus, die Beklagte zur freiwilligen Aussage zu bewegen, wobei die »Freiwilligkeit« aber nicht zuletzt auf der Ermahnung beruhte, sich nicht so erbärmlich foltern zu lassen. Reichte dies nicht, konnte die »territio verbalis« folgen, d. h. die Angeklagte wurde zur Folterstätte geführt, wo ihr der Henker die Wirkung seines Instrumentariums erläuterte. Half die Verbalterrition nichts, wurde zur »territio realis« geschritten, zum Anlegen eines Folterinstruments ohne seine Anwendung. Führte auch diese Realterrition zu keinem Geständnis, so folgte die Tortur. Diese Reihenfolge war immer gegeben, gleichgültig, wieviel Zeit sich ein Gericht mit den einzelnen Schritten ließ. In summa: Von dem Augenblick an, in dem die Angeklagte über die ausreichenden Indizien informiert wurde, erfolgten Drohungen mit der Folter, in immer gesteigerten Formen bis zur Anwendung. Zudem kann davon ausgegangen werden, daß zumindest in der Hauptzeit der Prozesse die Folterpraxis allgemein bekannt war. Wer beispielsweise in Nassau in der großen Prozeßwelle um 1630 verhaftet wurde, wußte genau, was ihm bevorstand, auch ohne daß ihm der Scharfrichter erst umständlich seine Arbeitsweise erläuterte. Außerdem war dort der Landesbrauch bekannt, beim Geständnis ohne

Einsatz der Folterung dem Delinquenten nach der Enthauptung ein ehrliches Begräbnis auf dem Kirchhof zu verschaffen, andernfalls aber den Körper verbrennen zu lassen. »Ob ich nun wohl öfters vernommen«, schrieb 1631 die Frau eines in Dillenburg zum Tode Verurteilten in ihrer Supplik um Bestattung auf dem Kirchhof, »daß selbige Personen mit dem Feuer seynd bestraft worden, sonderlich die sich zur Bekantnus durch die Tortur treiben lassen . . .«.[78] Bittschriften wie diese sind gar nicht selten. Der Schatten der Folter lag schon auf den Angeklagten, bevor das erste Wort gesprochen war.

Da Art und Dauer der Tortur von der Carolina der »ermessung eyns guten vernünfftigen Richters« überlassen blieb (Art. 58), haben die zeitgenössischen gelehrten Juristen Regeln aufzustellen versucht, die aber für Hexenprozesse ebensowenig einheitlich werden konnten wie die sonst weitgehende Befreiung bestimmter Personengruppen von der Folter: Adelige, Offiziere, Doktoren, denn die Regeln und Privilegien endeten bei Ausnahmeverbrechen wie Landesverrat und Abfall vom Glauben.[79] So bleibt bezüglich Art und Ausmaß der Tortur eine Vielfalt zur Kenntnis zu nehmen, die nicht nur von Gerichtsherrschaft zu Gerichtsherrschaft, sondern manchmal auch am gleichen Gericht starken Schwankungen unterliegen konnte. Zum Beispiel weisen die um 1630 in der Stadt Baden-Baden geführten Hexenprozesse bei einigen Fällen eine Härte der Tortur auf, die sich von der sonstigen Praxis dieses Gerichts klar abhebt, ohne daß die Quellen eine Erklärung dafür erkennen lassen.[80] Die wohl verbreitetste Art der Tortur erfolgte durch Bein- und/oder Daumenschrauben und Aufzug. Schrauben heißt Quetschung der Schienbeine oder Daumen zwischen zwei Eisenplatten; beim Aufzug wurden die Angeklagten an den auf dem Rücken gefesselten Händen in die Höhe gezogen. Von dieser Praxis bis zu bestialischen Quälereien liegt eine Staffelung von Grausamkeiten, deren Kenntnis aber deshalb von zweitrangigem Interesse ist, weil schon die »übliche« Art der Tortur den Opfern kaum eine Chance ließ. Gemäß einer vom italienischen Gerichtsbrauch übernommenen Regel wurden die Angeklagten erst nach dreimaliger geständnisloser Tortur entlassen.[81] Das einmal abgelegte Geständnis zu widerrufen, führte nur zu neuer Tortur, denn die Indizien, auf die sich die erste peinliche Frage gestützt hatte, bestanden ja uneingeschränkt weiter. Friedrich von Spee schrieb völlig zutreffend: »Alles Widerrufen ist umsonst . . . Gesteht sie nicht, so wird die Folter zwei, drei, vier Mal wiederholt«.[82]

Angesichts solcher Praxis ist die wichtigste Frage diejenige nach den ausreichenden Indizien, welche die Anwendung der Folter überhaupt erst ermöglichen. Der Art. 44 der Carolina »Von zauberey gnugsam anzeygung« nennt vier Indizien: In Zaubereiverdacht steht, 1. wer sich anbietet, einem andern das Zaubern beizubringen, 2. wer einem andern mit Schadenzauber droht, sofern dem Bedrohten der angekündigte Schadenfall auch widerfährt, 3. wer mit Zauberern und Zauberinnen enge Gemeinschaft hat, 4. wer mit zauberischen Dingen, Gebärden, Worten und Weisen umgeht und auch sonst der Zauberei halber berüchtigt ist. In der Literatur ist gelegentlich die letzte Bemerkung isoliert gesehen und als eigenes, fünftes Indiz des Gerüchts interpretiert worden. Doch auch ohne diese Weiterung sind die Angaben des Art. 44 derart ungenau, daß beinahe jeder in Zaubereiverdacht geraten kann. Handelt es sich bei dem Angebot, jemandem die Zauberkunst beizubringen, noch um einen präzisen Tatbestand, so öffnet bereits das zweite Indiz ein weites Feld von Möglichkeiten. Was gilt als Drohung, was als Schadensfall? Es wird noch zu zeigen sein, daß hier ein geradezu klassischer Fall von Anklageerhebung seine Handhabe findet: Eine abgewiesene Bittstellerin verläßt vor sich hinschimpfend oder Verwünschungen murmelnd das Haus dessen, der sie abgewiesen hat – stößt diesem dann in absehbarer Zeit irgendein Mißgeschick zu, erhebt er Klage wegen angedrohten und eingetroffenen Schadenzaubers. Dann die enge Gemeinschaft mit Zauberinnen: Wer kommt da wohl eher in Betracht als die eigene Familie, mit der die Verurteilte unter einem Dach lebte? Da die Hexenlehre ganz überwiegend auf Frauen abzielt, ist es nicht überraschend, in den Akten nur zu oft Familien zu finden, in denen über Generationen hinweg Frauen wegen Zauberei hingerichtet wurden.[83] Aber auch Freundinnen waren gefährdet: »Mit der hingerichteten Schmidtschen Elsbethen sey diese Krein gar wohl dran gewesen, und were dieselbe sehr gern beieinander gewesen«, lautet eine einschlägige Zeugenaussage, in diesem Fall aus Nassau-Dillenburg, März 1632.[84] Als Gebrauch von zauberischen Dingen, Gebärden, Worten und Weisen schließlich läßt sich mit einiger Anstrengung nahezu alles und jedes deuten.

Die in der Carolina genannten Indizien, die zur Anwendung der Folter ausreichen sollen, sind freilich noch zurückhaltend formuliert, wenn man die entsprechenden Aufstellungen in den gelehrten Büchern der zeitgenössischen Verfechter der Hexenlehre vergleicht.[85] Anstatt aber deren theoretischen Überlegungen nachzugehen, scheint es an dieser Stelle sinnvoller, ein Dokument aus der Praxis vorzustellen, eine Indizienliste, die 1629 den Gerichten in Nassau-Siegen zur Aufspürung von Hexen zugestellt worden ist:

1. Erstlich in fleißige Obacht zu nehmen, ob eine solche verwegene und leichtfertige Person vorhanden, von bösen Leumut und Gerüchte, so der Zauberey halber von redlichen und ohnparteyischen Leuten verdächtig gehalten werde?
2. Vor das ander, ob jemand sich anerboten, anderen selbige Kunst des Zeuberns zu lernen?
3. Zum dritten, ob einer oder ander zu finden, welcher anderen gedreut oder sich berühmet, anderen Leib, Viehe oder Güteren Schaden zuzufügen, und daß dem Bedrauten auch alsbald solches widerfahren sey?
4. Ob jemand mit der Zauberey verdächtigen Personen gegessen oder trunken und plötzlich in Krankheit geraten oder gestorben und der Beschädigter aus etlichen Ursachen eidlich beteuert oder auch darauf gestorben sei, daß er die verdächtige Person solcher Missetat bezichtigt habe?
5. Ob jemand mit solchen verdächtigen Dingen, Gebärden, Wörtern und Wesen umgehe als Wahrsagen, Segnerey, Kristallsehen und Nachweisen oder dergleichen Sachen, welche Zauberei auf sich tragen?
6. Ob jemand gesehen, daß einer oder ander Staub oder andere Materie in die Luft geworfen und dadurch ein groß Ohngewetter anzurichten sich bemühet habe, auch solches also erfolget sei?
7. Ob in jemands Behausunge Schmerpötte oder Töpfe mit verdächtiger Materie oder auch zauberische Büchere befunden sein wurden oder noch erfunden werden?
8. Ob jemand in oder außerhalb Landes mit Zeuberern oder Zeuberschen stedes große Gemeinschaft, besondere Freund- und Kundschaft lange Zeit her gehalten habe?
9. Ob jemand in eines anderen Behausunge oder Stallunge sich ohne erhebliche Ursachen bei dessen Pferden oder anderem Viehe finden lassen und etwas dahin gelegt oder dieselbe geschmieret oder begriffen habe, daß solche Pferd oder Viehe, sonderlich die Melkkühe, urplötzlich Mangel bekommen oder eylends gestorben sein?

10. Ob jemand ohnversehens und gegen guten Willen auf die teuflische Nachtdänze geraten sei und wohlbekannte Personen befunden, sie gesprochen und daselbsten tanzen oder sonsten ohnziembliche Sachen verrichten gesehen habe, so eigentlich Zauberey auf sich tragen?
11. Ob einer oder ander der Zauberey halber sei flüchtig worden? Oder sich geschreckt oder verborgen, wie er gehört, daß die Hexen gefänglich angegriffen werden sollen?
12. Ob einer oder ander vorhanden sei, welcher die Zauberey- oder Hexereykunst verteidigen oder dieselbe für Phantasey oder Traumwerk halten und daß selbige Kunst ohnbestrafet zu gestatten sein sollen, nicht allein vermeinen, sondern auch ernstlich dabei bestehen wollen?
13. Ob jemand wissentlich die Zeuberer oder Zeuberschen aufgenommen, dieselben aufgehalten oder heimlich verborgen oder Hülf, Rat und Tat zu entrinnen ihnen geleistet oder auch denselben wirklich weggeholfen habe?
14. Schließlich ob nach einem Wolfe oder anderer Kreatur geschossen oder gestochen und derselbiger wegkommen, aber eine der Zauberey verdächtige Person an solchem Glied, da der Wolf oder Kreatur getroffen, alsbald verwundet oder verletzt zu sein befunden werden möchte?[86]

Die meisten dieser Artikel sind praxisnah, indem sie nicht nur Gerichten zugeschickt wurden, sondern indem diese wie auch andere Gerichte danach vorgegangen sind.

Eine Sonderstellung unter den Indizien nehmen die sog. Hexenproben ein. Mit einer Ausnahme haben sie sich nach dem Vorbild der mittelalterlichen Ordalien entwickelt, ohne selbst zu diesen zu zählen.[87] Die Ausnahme ist die Wasserprobe, bei der die Angeklagten gebunden oder ungebunden aufs Wasser gebracht wurden und als schuldig galten, wenn sie nicht sanken. Die Wasserprobe hat sich von allen im 13. Jahrhundert verbotenen Ordalien in der Gerichtspraxis der frühen Neuzeit halten können, aber nur bei Hexenprozessen. Rechtswidrig und von den gelehrten Juristen ebenso bekämpft wie von den meisten Verfechtern der Hexenlehre, wurde sie dennoch in einigen Gebieten des Reiches praktiziert. Viele Zeitgenossen hielten sie für eine Besonderheit des Westfälischen Kreises, aber auch im Fränkischen soll sie vorgekommen sein.[88] Weiter verbreitet als die Wasserprobe war die Nadelprobe, die Suche nach dem vom Teufel verliehenen Hexenstigma.[89] In der Praxis ging die Anwendung der Nadelprobe so vor sich wie im eingangs geschilderten »typischen Fall«: Der Scharfrichter hatte bei Frau Tutke auf dem rechten Schulterblatt ein »Stigma« gefunden – Hautfleck, Narbe oder dergleichen – und stach mit der Visitiernadel hinein, ohne daß die Betroffene eine Schmerzreaktion zeigte. Das Hexenstigma, das vom Teufel der Hexe beigebrachte Besitzzeichen, galt als unempfindliches Mal, obgleich der Vollständigkeit halber angemerkt sei, daß sich die gelehrten Verfechter der Hexenlehre in diesem Punkt nicht ganz einig waren. Daneben sind auch noch andere »Proben« als Indizien anzutreffen wie die Tränenprobe, also das Ausbleiben von Tränen bei den Angeklagten, Schmerzunempfindlichkeit in der Tortur, dann der sog. »Hexenschlaf«, Bewußtlosigkeit in der Tortur, bis hin zum Tod im Kerker, der als Erdrosselung der Hexe durch den Teufel interpretiert werden konnte. All dies erscheint in den Protokollen als Indizien vermerkt und hat in den Schriften der Zeitgenossen wie in der modernen Forschungsliteratur ganz unverhältnismäßige Beachtung gefunden – unverhältnismäßig, weil diese Indizien für den Prozeßbeginn nicht entscheidend waren, während umgekehrt der einmal in Gang gesetzte Prozeß den Angeklagten ohnehin kaum eine Chance ließ, ob nun Hexenproben noch weitere Indizien erbrachten oder nicht. Entscheidend war, ob jemand überhaupt in einen Hexenprozeß geriet, und dafür wiederum gaben hauptsächlich zwei Indizien den Ausschlag: das durch Zeugenaussagen belegte Gerücht und die Besagung durch geständige Hexen.

Vor der näheren Beschäftigung mit diesen beiden Indizien sollen die Hexenproben aber noch kurz in bezug auf die Rolle der Scharfrichter zur Sprache kommen. Daß Wasser- und Nadelproben mehrheitlich zuungunsten der Angeklagten ausfielen, wird in der Literatur meist durch betrügerische Manipulationen der Henker erklärt. Selbst eine so seriöse Arbeit wie die Untersuchung von Zwetsloot nennt neben möglichen natürlichen Ursachen den »Schwindel der Gerichtsdiener, die das Seil bedienten« und »Nadeln, die in den Stiel zurückglitten, statt ins Fleisch zu dringen«.[90] Andere – weniger vorsichtig – ziehen natürliche Ursachen überhaupt nicht in Erwägung, auch wenn sie nicht so weit gehen wie die Studie von W. v. Baeyer-Katte, derzufolge Henker und Richter schlicht kriminellen Organisationen angehören, die sich zu Bereicherungszwecken zusammengefunden haben.[91] Damit wird unterstellt, daß sich viele, wenn nicht gar alle Scharfrichter bewußt am Massenmord beteiligt haben. Wie immer es mit dem Realitätsgehalt dieser Behauptung bestellt sein mag – es fehlen die Beweise. Quellen und Literatur gehen hier weit auseinander, denn Verdächtigungen gegen Scharfrichter kommen in den Akten nur selten vor.[92] Dies mit einer Komplizenschaft zwischen Henkern und Gerichtspersonen zu erklären, fügt lediglich einer unbewiesenen Behauptung noch eine weitere hinzu. Dabei spielt das verbreitete Vorurteil eine Rolle, Hexenprozesse seien von obskuren Sonderrichtern geführt worden, die in ihren Aktionen völlig außer Kontrolle blieben. Solche Fälle sind zwar vorgekommen, doch wie gleich noch zu zeigen, wurden die meisten Hexenprozesse genau wie alle übrigen Strafprozesse von den zuständigen regulären Instanzen geführt. Für Mordabsichten fehlt bei ihnen ebenso jede Handhabe wie für eine allgemeine Kriminalität der Scharfrichter.

Entscheidende Indizien für die Eröffnung eines Hexenprozesses waren, wie gesagt, Gerücht und Besagung. Auf die Bewandnisse haßerfüllter Zeugen, die es kaum abwarten können, die Zaubersche umgebracht zu sehen, wird später noch näher eingegangen.[93] Hier genügt die Tatsache, daß im verbreiteten Gerücht die bei weitem größte Gefahr für die Betroffenen lauert, zumal das Gerücht Besagungen nach sich zieht, die beiden gefährlichsten Indizien also miteinander verknüpft sind. Denn wer im Hexenprozeß mit der Folter Komplizen zu nennen gezwungen wird, nennt am ehesten diejenigen Personen, die er mit Zauberei in Verbindung bringt, die im »gemeinen Geschrei« stehen.

Fälle von gezielten Besagungen aus persönlicher Feindschaft oder sonstigen Gründen sind natürlich nie auszuschließen, und die Gerichte haben sich auch dagegen abzusichern versucht. In der Regel begnügten sie sich mit einem Eid, doch gab es daneben die »tortura in complices«, eine zusätzliche Tortur am Ende des Verfahrens, um die Richtigkeit der Besagungen zu überprüfen. So sind nassauische Gerichte in der Prozeßwelle um 1630 durchgängig verfahren. Barbara Jung, um ein Beispiel zu nennen, wurde am 26. Nov. 1631 »ad locum torturae gebracht, und ihr zu Gemüt geführet worden, wie schwerlich sie sich an Gott und ihren Nächsten versündigte, wann sie jemand zur Unschuld besagte, were auch zu dem allein und nicht zu weiterer Erkundung der Wahrheit anhero gebracht, sondern damit sie keinem der Besagten Unrecht tue. Bestetigte mit hoher Verpflichtung, daß sie deren Besagter keinem Unrecht tue, woruff sie geblendet, gebunden, an die

Schnur gezogen und ein Schraub ihr uffgesetzt, gehöhet und angezogen worde, und repetirete von sich selbsten ihre Denunciaten, wie sie verzeichnet . . .«.[94] Daß man sich von diesem Vorgehen tatsächlich eine Absicherung gegen falsche Besagungen versprach, geht beispielsweise aus einer Bittschrift vom Oktober 1629 hervor. In einem Herborner Hexenprozeß hatte ein Mann mehrere Einwohner des Ortes Driedorf besagt und war zum Tode verurteilt worden ohne »tortura in complices«. Die Driedorfer Einwohner, über den Prozeßverlauf offenkundig bis in alle Einzelheiten informiert, supplizierten beim Landesherrn, die Hinrichtung aufzuschieben und die Tortur nachzuholen.[95]

Die Besagungen entsprechen der Logik der Hexenlehre, genauer: ihrem kollektiven Hexenbegriff. Die Vorstellung von der Hexensekte, deren Mitglieder sich mit Teufeln zu wirklichen Zusammenkünften treffen, die Lehre vom Hexensabbat also, auf dem jeder Teilnehmer noch andere gesehen haben muß, führt unausweichlich zur Frage nach Komplizen. Damit tritt ein, was Friedrich von Spee exakt beschrieben hat: »Die Gewalt der Folterqualen schafft Hexen, die es gar nicht sind, weil sie es gleichwohl sein müssen. Sie müssen auch ihre Lehrmeisterinnen, Schülerinnen und Gefährten angeben, die sie doch nicht haben. Weil ihnen das Gewissensqualen bereitet, leisten sie solange Widerstand, bis sie durch die Folter oder die bloße Furcht vor ihr gezwungen werden. Da sie den Schmerzen nicht gewachsen sind, nennen sie schließlich solche Personen, bei denen es glaubwürdig erscheint und wo sie so wenig Schaden als möglich anrichten: Sie nennen, sage ich, solche, die bereits verstorben, als Hexen verbrannt worden sind. Drängt man sie weiter, so nennen sie noch am Leben befindliche Personen, und zwar zunächst solche, von denen sie früher gehört haben, daß sie verschrieen, auch von andern denunziert oder irgendwann einmal wegen Hexerei festgenommen worden seien usw.«.[96] Bei in der Haft geschriebenen Briefen oder sonstigen Insiderberichten wird manchmal etwas von der fürchterlichen Situation jener Angeklagten deutlich, die genau wissen, daß sie Unschuldige besagen müssen. Eindrucksvolles Zeugnis ist der bekannte Brief des Bamberger Bürgermeisters Johannes Junius, der 1628 nach der Folterung in einem abgefangenen Kassiber an seine Tochter geschrieben hat, wie ihm die Namen abgepreßt wurden.[97] Das krasse Gegenteil solchen Verhaltens tritt zutage, wenn in Hexenprozessen Kinder auftreten. Bei Besagungslisten von ungewöhnlicher Länge kann man ziemlich sicher sein, die

Aussage eines Kindes vor sich zu haben. Um auch dafür ein Beispiel zu nennen: Im Dezember 1630 wurde auf Burg Ringelstein in der Herrschaft Büren ein Hexenprozeß gegen einen Betteljungen geführt, der anschließend in zahlreichen Verfahren als Zeuge aussagte. Seine Besagungen hat der Gerichtsschreiber spaltenweise verzeichnet, wodurch sich der heutige Leser an ein Adreßbuch erinnert fühlt – und in der Tat, es sind weit über 100 Namen![98]

In der Frage, ob Besagungen ein ausreichendes Indiz für die Verhaftung und Folterung eines Menschen bilden, waren sich die Gelehrten nicht einig.[99] Die Juristenfakultäten haben in ihren Gutachten einheitlich nur entschieden, daß sie eine Besagung allein jedenfalls nicht für ausreichend hielten; darüber hinaus aber herrscht Uneinigkeit. Auch die Gerichte verfuhren unterschiedlich, ob sie nun Juristenfakultäten einschalteten oder nicht. Soviel aber geht aus ihrer Praxis immerhin hervor: Wenn in der Hauptzeit der Hexenprozesse Zeugenaussagen über das »gemeine Geschrei« und mehrere Besagungen vorlagen, kam es in der Regel zum Prozeß. Ebenfalls in der Regel wurden Hexenprozesse vor den ordentlichen Gerichten geführt, so unterschiedlich die Gerichtsorganisation in den einzelnen Territorien auch war. Sonderregelungen bilden die Ausnahme. So hat der verfolgungseifrige Kölner Kurfürst Ferdinand (1612–1650) in der Prozeßwelle ab 1628 Rechtsberater nur für die Durchführung von Hexenprozessen bestellt, die aber praktisch die Gerichte beherrschten, und deren unheilvolles Wirken in allen Teilen des Erzstifts seine Spuren hinterlassen hat.[100] Die Verantwortlichkeit des Gerichtsherrn, der in den Territorien meist mit dem Landesherrn identisch ist, wird dadurch natürlich nicht eingeschränkt. Ferner gab es Gerichtsherrn, die selbst Verfahren duldeten, bei denen gegen Landes- und Reichsrecht verstoßen wurde, wie der Bamberger Fürstbischof Johann Georg II. (1623–1633), gegen den das Reichskammergericht einschritt.[101]

An das Reichskammergericht konnte zwar in Strafsachen nicht appelliert werden, doch war dieses Reichsgericht für alle Fälle von Rechtsverweigerung zuständig. Es ist häufig bei Hexenprozessen angerufen worden und hat dann – soweit nach heutigem Forschungsstand bekannt – auch meist zugunsten der Angeklagten einzugreifen versucht. Nur blieb es allemal ein Versuch, denn über eigene Machtmittel, sich Anerkennung zu verschaffen, verfügte das Reichskammergericht nicht.[102]

Zusammenfassend muß betont werden, daß neben der Verbreitung der Hexenlehre das frühneuzeitliche Strafrecht und die Strafrechtspflege die zweite unabdingbare Voraussetzung für die massenhafte Durchführung von Hexenprozessen bilden. Einschränkungen sind allerdings nötig. Wenn W.G. Soldan in Übereinstimmung mit vielen die Folter als »die eigentliche Seele des ganzen Prozeßverfahrens« bezeichnet, hat er insofern recht, als ohne Folter die Geständnisse in dieser Fülle nicht denkbar sind.[103] Darüber darf aber nicht der Weg übersehen werden, der zur Folter führt, und dessen andere Richtung weit aus dem Gerichtssaal hinausführt. Zur Folterung führen Indizien, unter denen Gerücht und Besagung entscheidend sind. Wenn die Besagung ihrerseits aber weitgehend vom Gerücht abhängt, verlagert sich die Entscheidung über die Opfer von Hexenprozessen mehr in die Gemeinden, in denen solche Bezugspersonen, solche berüchtigten Zauberinnen und Zauberer entstehen. Damit entfällt viel von einer gewissermaßen prozeßeigenen Automatik durch die Besagungen, die G.C. Horst seinerzeit so formulierte: »Dadurch ward der Hexenproceß auf unglaubliche Art vervielfältigt, und es kam um die Mitte des siebenzehnten Jahrhunderts, da er einen ganz besonders grausamen und fanatischen Charakter annahm, so weit, daß fast kein Mensch mehr seines Hausfriedens, ja seines Lebens sicher war. Kein Stand, keine Würde, keine Tugend schützte vor dergleichen sogenannten Hexen-Besagungen . . .«.[104] Waren wirklich Besagungen der entscheidende Multiplikator und damit der Grund für das massenhafte Anschwellen der Prozesse? Waren wirklich alle Stände, alle sozialen Gruppen gleichermaßen von Besagungen und Prozessen betroffen? Solche Fragen führen in Problembereiche, die mit dem Strafrecht und der einzelnen Gerichtspraxis nur noch indirekt zu tun haben.

2. *Durchführung*

a) Die Wellen

Die Frage, seit wann und bis wann im Reichsgebiet Hexenprozese geführt worden sind, hängt natürlich weitgehend davon ab, wie Hexenprozesse definiert werden. Es wurde bereits ausgeführt, wie hier zwischen Schadenzauber und dessen strafrechtlicher Verfolgung, also

Zaubereiprozessen einerseits und Hexenprozessen andererseits unterschieden wird: Wenn die voll entwickelte Hexenlehre mit den vier Bestandteilen Teufelspakt, Teufelsbuhlschaft, Schadenzauber und Teufelstanz nachgewiesen ist oder aus guten Gründen unterstellt werden kann, nur dann wird hier von einem Hexenprozeß gesprochen.

Diese Abgrenzung gegen Schadenzauber wirkt sich besonders folgenreich bei der Frage aus, ab wann im Reichsgebiet Hexenprozesse zu verzeichnen sind. In Anlehnung an Hansen, der den Abschluß mit der Ausbildung der Hexenlehre für die Zeit um 1430 annimmt, ergibt sich ein terminus ante quem non, hinter den allerdings viele ältere und neuere Arbeiten weit zurückgehen. Aber auch die so abgesteckte Grenze ist für Deutschland zu pauschal. Über das Eindringen der Hexenprozesse aus dem Süden und Südwesten besteht in der Literatur keine ernstliche Kontroverse. Wann aber andere Gebiete erfaßt wurden, darüber lassen sich vorerst keine sicheren Angaben machen. Die Unsicherheit resultiert aus der Quellenlage. Zu den üblichen Wechselfällen der Überlieferung, die mehr oder weniger alle Archivalien betreffen, werden hier Veränderungen im Strafprozeß wirksam. Der alte Akkusationsprozeß verlief bekanntlich mündlich. Die Übernahme des schriftlich geführten Inquisitionsprozesses war aber kein einheitlicher Vorgang, der sich genau datieren ließe; man wird auch zwischen den einzelnen Territorien mit erheblichen Zeitverschiebungen rechnen müssen.

Eine weitere Schwierigkeit erwächst aus einer Quellengattung, die an sich gerade für die Frühzeit der Hexenprozesse, wenn Prozeßakten fehlen, sehr willkommen ist: Wirtschaftsakten. Hexenprozesse hatten wie alle Gerichtsverfahren ihre finanzielle Seite, d. h. sie mußten bezahlt werden. Unabhängig davon, wer letztlich die Gerichtskosten trug, und unabhängig vom Finanzierungsmodus besteht die Möglichkeit, daß sie in Amts-, Kellnerei- oder Vogteirechnungen Eingang gefunden haben, was in der Tat der Fall ist. Beispielsweise hat E. Pauls seine Aufstellung über Hexenprozesse am Niederrhein in der Frühzeit zwischen 1491 und 1535/36 fast ganz aus solchen Rechnungen ermittelt.[105] Die Rechnungsnotizen sagen in der Regel aber nur, daß eine »Zaubersche« verhaftet, torquiert oder hingerichtet wurde, ohne die unterstellten Straftaten zu erwähnen. Folglich bleibt unklar, ob ein Zauberei- oder ein Hexenprozeß vorliegt.

Besser steht es mit Informationen zum Ende der Hexenprozesse in Deutschland, sofern man sich auf die Massenverfolgungen beschränkt.

Bekanntlich sind einzelne Verfahren noch tief im 18. Jahrhundert nachzuweisen – der Prozeß gegen Maria Renata Singer im Stift Würzburg von 1749 ist dafür ein viel zitiertes Beispiel.[106] Das ändert aber nichts daran, daß es sich um Einzelfälle handelt, die allesamt in keinem Vergleich zu jenen Vorgängen stehen, die für das 16. und 17. Jahrhundert zu verzeichnen sind. Dabei trat mancherorts schon vor der Mitte des 17. Jahrhunderts der Wandel ein. Der schwedische Siegeszug durch Deutschland hat die Massenprozesse in einigen Territorien beendet, in denen sie auch nach Kriegsende nicht mehr auflebten, so in Bamberg, Würzburg und etwas später in Kurmainz. Auch für Kurtrier, Münster, Bremen und Verden ist im wesentlichen der Dreißigjährige Krieg die Grenze. In den übrigen nordwestdeutschen Territorien einschließlich Kurköln liegt die Grenze spätestens um 1680.[107] Darüber hinaus kann man sagen: Soweit die Forschungsliteratur und ein erster Überblick über die Poznań-Sammlung erkennen lassen, kann für ganz Deutschland das Ende der großen Verfolgung in den letzten beiden Jahrzehnten des 17. Jahrhunderts angenommen werden. Die Behauptung, noch um 1700 hätten die Scheiterhaufen ebenso zahlreich gebrannt, »wie sie es seit Menschengedenken getan hatten«, ist nicht zutreffend.[108]

Bei den Hexenprozessen im Deutschland des 16. und 17. Jahrhunderts sind auffallende zeitliche Konzentrationen zu beobachten. Über das Verhältnis zwischen heute noch erhaltenen Unterlagen und der Zahl der wirklich durchgeführten Prozesse einigermaßen Klarheit zu gewinnen, gibt es verschiedene Möglichkeiten. Hier seien nur wenige Beispiele genannt. Im Frühjahr 1629 schickt der Amtmann von Siegen auf Drängen der Eingesessenen den Gerichten der Grafschaft Nassau-Siegen die Aufforderung zu, der Zauberei verdächtige Personen anzuzeigen. Eines der Gerichte hat keine Namen zur Hand, verweist aber auf die Quelle früherer Verdächtigungen, auf die man wieder zurückgreifen kann, nämlich auf die zuletzt in der Grafschaft geführten Hexenprozesse – wörtlich: »vor 36 und mehr Jahren«. Zurückgerechnet ergibt dies 1593 und davor. Ein anderes Gericht der Grafschaft nennt bei dieser Gelegenheit einen zurückliegenden Zeitraum von 30 bis 40 Jahren; dies stimmt im Ergebnis überein. Das nächste Beispiel stammt aus der Grafschaft Waldeck. Dort heißt es in einer Mitteilung des Kriminalgerichts Niederwildungen an die Rintelner Juristenfakultät vom Oktober 1630: »So hat man aber dieses Orts in –97. Jahren keine Hexen und derozeit nur eine verbrennt; weil aber das Laster der

Hexerey nunmehr gantz überhand genommen ...«. Zwischen 1597 und 1630 ist dort also kein Hexenprozeß geführt worden. Ein weiteres Beispiel bildet ein Schreiben des Gerichtssekretärs in Wolfenbüttel vom Jahre 1602 an das Kriminalgericht der Harzgrafschaft Wernigerode, wo zu einer Hexereianklage belastende Aussagen gesucht werden. Der Sekretär teilt mit, daß »bei meiner Zeit nun in das sechste Jahr allhie keine Zauberin gebrannt worden«. Das von ihm in Wolfenbüttel geführte Register über alle Kriminalfälle dieser Zeit ist erhalten und erlaubt eine Kontrolle: Die Aussage stimmt mit dem Register überein.[109]

Nicht überall, aber in vielen Gebieten treten Hexenprozesse in Wellen auf. Am häufigsten sind diese Wellen in den Jahren um 1590, um 1630 und um 1660 zu beobachten, wenngleich es auch andere Kombinationen gibt. Die Zahlen wollen selbstverständlich nur als Leitwerte verstanden sein. Die mittlere Welle entspricht am ehesten einer wirklich punktuellen Spitze, die Konzentration in den Jahren um 1630 ist besonders auffallend. Die erstgenannte Welle zieht sich über einen längeren Zeitraum hin, etwa zwischen 1585 und 1595. Zeitlich am weitesten ausgedehnt ist die Prozeßwelle nach dem Dreißigjährigen Krieg; sie liegt ungefähr zwischen Anfang der 50er und Ende der 60er Jahre. Im ganzen kann man sagen: Von den genannten Zahlen trifft die mittlere einigermaßen genau zu; die beiden andern stehen, mit lokalen Verschiebungen, für einen Zeitraum von bis zu 15 Jahren. Trotzdem sind es Konzentrationen, klar abgehoben gegen lange Phasen mehr oder weniger großer Ruhe. Bleibt noch anzumerken, daß in Gebieten mit Wellen nicht immer auch alle drei Wellen in Erscheinung treten.

Daß langfristig und im europäischen Rahmen gesehen eine Konzentration besteht, ist der Forschung nicht verborgen geblieben. E.W. Monter spricht von »the apex of witchcraft trials« und setzt dafür den Zeitraum von 1580 bis 1650 an. R. Muchembled sieht die Hauptzeit der Hexenprozesse zwischen 1560 und 1630 – eine Limitierung, die anscheinend mehr den französischen als den europäischen Verhältnissen gerecht wird.[110] Aber innerhalb dieser langfristigen Konzentration lassen sich für viele Gebiete in Deutschland noch weitere Konzentrationen ausmachen, wie oben angeführt. Auf die geographische Verteilung soll im folgenden Kapitel näher eingegangen werden. Hier sei aber schon gesagt, daß in einem breiten Streifen, der sich von Minden-Ravensberg, Schaumburg, dem Herzogtum Westfalen und der Grafschaft Waldeck über die nassauischen Grafschaften bis nach Kurtrier erstreckt, die eben genannten Wellen nachgewiesen sind, eine Erscheinung, die erhebliche Probleme aufwirft.

Grundsätzlich ist festzuhalten, daß zu Hexenprozessen nicht nur Gerichtsparteien, sondern auch Gerichtsherren gehören und folglich die Beziehungen zwischen Gemeinden und Gerichtsherrschaft beachtet werden müssen, wobei mehrheitlich der Gerichtsherr zugleich auch der Landesherr ist. Da reicht z. B. im Oktober 1589 die ganze Gemeinde Elz, unweit Limburg/Lahn gelegen, bei ihrem Gerichts- und Landesherrn, dem Trierer Kurfürsten, folgende Bittschrift ein. »Aus erbärmblichem Jammer« bitten die »arme trostlose Underthanen« um Nachlaß oder wenigstens Aufschub der Abgabenzahlung. Ein Hagelschlag habe ihnen die Ernte so gründlich zerstört, daß sie nicht einmal Saatgut fürs nächste Jahr hätten gewinnen können. Bei der Schilderung des Unwetters tauchen Formulierungen auf, die den zweiten Teil der Bittschrift schon ahnen lassen. Es war ein »unnatürlich Gewitter«, und vom Himmel fielen überaus »seltsame Eyse und Kieselsteine« von unglaublicher Dicke, so daß selbstverständlich Zauberinnen am Werk gewesen sein müssen – und diese kennt die Gemeinde zu Elz auch schon ganz genau: ». . . pitten wir armen Suplicanden, Euer Churfürstliche Gnaden wollen dem Herrn Keller der verdächtigen und landbeschreiten Zaubersen halber, wie wir dann Euer Churfürstliche Gnaden zu underschiedlichen malen underthänigst suplicando umb Gottes willen gebetten, zu inquiriren und was sich alsdann in Wahrheit befind und Recht sein würd zu vollziehen befehlen. Dann, gnädigster Fürst und Herr, sollte solcher überaus großer verderblicher Schaden, so uns begegnet, nit gestraft werden, würden sie in ihrem Vornehmen gestärkt, und wir müßten mit Weib und Kindern entlaufen und alles verlassen«.[111]

Ohne gerichtliches Eingreifen würden die Zauberinnen weitermachen und die ganze Gemeinde an den Bettelstab bringen – das ist der Kern der Aussage. In der Tat, angesichts der prekären Lage der frühneuzeitlichen Landwirtschaft kann ein zweimaliger Totalausfall der Ernte selbst für bis dahin wirtschaftlich leidlich gesunde Höfe den Ruin bedeuten. Die Gemeinde Elz hat bei solcher Erwartung allen Grund, sich bedroht zu fühlen. Unzweifelhaft ist der Gemeinde die Ursache ihres Unglücks: Jene unglaublich bösartige Mörderbande, die sie nicht nur um den Arbeitsertrag eines ganzen Jahres gebracht hat, sondern die auf ihre Vernichtung aus ist. Die Mitglieder dieser Bande sind landbekannt, können aber trotzdem in Seelenruhe ihre Untaten ausführen, denn – der Gerichtsherr versagt sich! Trotz mehrmaliger Eingaben sind keine Schritte zur gerichtlichen Verfolgung unternommen worden.

Hier zeigt sich die Rolle der Beziehung Gemeinde-Gerichtsherr für die Durchführung von Hexenprozessen. Ein Gerichtsherr kann zwar von sich aus seine Justizbehörden zum Vorgehen gegen Hexen veranlassen, was die Gemeinde nicht kann, aber einen gewissen Druck auszuüben, steht sehr wohl in ihrer Macht. Der Hinweis der Bittschrift: »wir müßten mit Weib und Kinderen entlaufen und alles verlassen«, enthält indirekt ja auch eine Drohung, denn der in Aussicht gestellte Ruin der Gemeinde bedeutet zugleich einen Verlust für den Land- und Grundherrn. Die hier noch indirekte Drohung konnte zudem sehr direkt werden wie 1651 im nicht weit von Limburg entfernten Amt Wehrheim, das im Gemeinbesitz von Kurtrier und Nassau war. Der nassauische Amtmann geriet in arge Bedrängnis, als nach einem angeblich von Hexen gelegten Brand die Amtsinsassen zum äußersten Mittel des gewaltlosen bäuerlichen Widerstandes griffen, um Prozesse zu erzwingen: zum Fronstreik. Die Amtsinsassen entwichen in großer Zahl in Nachbarterritorien und blieben dort trotz zweimaliger Ankündigung, daß bei weiterer Widersetzlichkeit ihr Besitz zugunsten der Herrschaft eingezogen würde. Sie haben tatsächlich die Prozesse erzwungen, die noch im gleichen und im folgenden Jahr zu 17 Hinrichtungen führten.[112]

Die oft erörterte Frage, ob Hexenprozesse vom Volk oder von den Fürsten ausgingen, ist bei solchen Verhältnissen schlecht gestellt. Es liegt eine wechselseitige Beziehung vor: das Drängen der Gemeinden auf der einen, die Entscheidung der Gerichtsherren auf der andern Seite. Es sind genügend Fälle bekannt, in denen Obrigkeiten zumindest zeitweise die Führung solcher Prozesse ablehnten und sich damit auch durchsetzten. Ging also nicht ein prozeßwilliger Gerichtsherr von sich aus vor, dann kam es zur Einleitung von Prozessen, wenn Gemeinden es wollten und die Obrigkeit zustimmte. Diese wechselseitige Beziehung kann zur Erklärung beitragen, wie eine Prozeßwelle in einem Territorium entsteht: Die angestauten Prozeßwünsche von unten erhalten von oben »grünes Licht«.

Die Bittschrift der Gemeinde zu Elz ist dafür auch insofern ein gutes Beispiel, als sie einen Teil jener Bewegung darstellt, die nach dem eben beschriebenen Muster weite Gebiete von Kurtrier betraf. Aus diesem Territorium ist bis zum letzten Drittel des 16. Jahrhunderts von

Hexenprozessen nicht viel bekannt. In den Jahren um 1590 aber kam es zu massenhaften Hinrichtungen: Verzeichnet sind allein 306 Personen aus 27 Dörfern in der Umgebung von Trier. Ausgelöst wurde diese Welle durch mehrere Mißernten hintereinander, begleitet von einer Hungersnot.[113] Ein Augenzeuge schrieb dazu: »Weil im Volk geglaubt wurde, die jahrelange Unfruchtbarkeit sei vom diabolischen Haß der Hexen und Zauberer verursacht, erhob sich das ganze Land zu ihrer Ausrottung . . . Diese Verfolgung dauerte mehrere Jahre« (Quia vulgo creditum est, multorum annorum continuatam sterilitatem a strigibus et maleficis diabolica invidia causari, tota patria in extinctionem maleficarum insurrexit . . . Durabat haec persecutio complures annos).[114]

Daß hier tatsächlich eine »Insurrektion«, eine Volksbewegung vorliegt, die eruptionsartige Ausmaße annimmt und nach einigen Jahren endet, wird auch in der Bemühung des Landesherrn deutlich, den Ausbruch nach einiger Zeit unter Kontrolle zu bringen. Die von Kurfürst Johann VII. 1591 erlassene Gerichtsordnung für Hexenprozesse sollte die rechtswidrigen, teilweise an Lynchjustiz erinnernden Praktiken abstellen, die dadurch zustande gekommen waren, »daß sich die Gemeinden auff eines oder des andern unruhigen underthanen uffwicklung sich zusammen verschworen, und fast einem ufrur gleichsehende Verbündtnüssen gemacht«.[115] Die Gemeinden hatten sich »zusammen rottirt«, selbst Ausschüsse mit teilweise ganz unqualifizierten Personen eingesetzt, und dann Verfahren anstellen lassen, die, allein von der Wut diktiert, allen Regeln der Carolina hohnsprachen. Indizien wurden nicht geprüft, Torturen vom Scharfrichter ohne Gegenwart Dritter vollzogen und schließlich gar vor den Hinrichtungen nicht nur die Geständnisse öffentlich verlesen, sondern auch die Namen der darin Besagten. Zudem herrschte große Willkür bezüglich der Gerichtskosten. Diese Volksjustiz – oder wie man es nennen will – zurückzudrängen war der Hauptzweck der obrigkeitlichen Gerichtsordnung: »Wollen und ordnen wird, daß hienfüro dergleichen zusammen Rottierungen, uffrürische Verbündnüssen und ausschuss abgeschafft werden, inmaßen wir dan hiermit unsern Ambtleuthen und allen andern, denen ein solches obligt, bevelhen, daruff fleissig achtung zu haben, und da eine oder mehr Gemeinde darin brüchig befunden, dieselbe zu gebürender straff nach beschaffenheit des Ungehorsambs anzuhalten«.[116] Die Macht der Ausschüsse sollte dadurch gebrochen werden, daß einmal die Zahl ihrer Mitglieder auf zwei Personen beschränkt und zum andern den beiden Hochgerichten in Trier und Koblenz in allen Phasen der Prozesse die Entscheidung vorbehalten wurde, d. h. bezüglich Verhaftung, Tortur und Endurteil. Zugleich enthielt die Gerichtsordnung eine genaue Aufstellung der künftig allein zulässigen Sporteln.

Hier sei gleich angemerkt, daß sich diese Vorgänge bei der zweiten Prozeßwelle in Kurtrier um 1630 allem Anschein nach wiederholt haben. Kurfürst Philipp Christoph mußte 1630 ebenfalls mit einem Erlaß zugunsten seiner Justiz eingreifen und den Einfluß der Gemeindeorgane, der Ausschüsse, zurückdrängen. Diese versuchten erneut, sich den Entscheidungen der Hochgerichte von Trier und Koblenz zu entziehen. Außerdem verwahrte sich der Kurfürst gegen die Teilnahme der Ausschüsse an Verhören und Torturen, »als welchs den Oberkeiten allein zustendig«.[117]

Doch auch innerhalb der so geregelten Bahnen gingen die Prozesse nach 1591 noch einige Zeit weiter. Der oben erwähnte Augenzeuge, Johann Linden, Kanonikus zu St. Simeon in Trier, hat nicht nur den Anfang der Prozeßwelle beschrieben, sondern sich auch über ihren Verlauf und ihr Ende Gedanken gemacht. Ihm zufolge wurde nach dem Ausbruch der Volkswut die Habsucht derer zur treibenden Kraft, die an den Prozessen verdienten, und seiner Meinung nach endeten die Verfahren, als die kurfürstliche Gerichtsordnung wirklich durchgesetzt wurde und mit ihrer Gebührenordnung die Verdienstspanne drastisch senkte. »Als aber die Untertanen arm wurden«, schreibt er, »sind für die Gerichte und Gerichtspersonen und deren Gewinn und Aufwand Gesetze erlassen und durchgesetzt worden, und plötzlich, wie wenn im Krieg das Geld ausgeht, legte sich der Eifer der Richter«.[118] In dieser Unterstellung mag sich die in der Rückschau unbezweifelbare Tatsache spiegeln, daß Notare, Aktuare und Wirte gut verdienten und der Henker schließlich »in Gold und Silber gekleidet ging«. Doch die Habsucht der Beamtenschar und aller an den Prozessen Verdienenden zum alleinigen Motiv für Ausdehnung und Ende der Verfolgung zu erheben, wirkt nicht überzeugend. J. Linden selbst stellt bezüglich Entstehung und Steigerung der Prozeßwelle die Rachsucht der Bevölkerung – übrigens einschließlich der Gerichtspersonen – gegen die vermeintlichen Landverderber als entscheidend heraus, er spricht von der »Wut des Volkes« und der »Tollheit der Richter«, so daß es nahe liegt, diesen Motor auch für das Ende der Verfolgung mit anzunehmen: Selbst die wildeste Rachsucht ist irgendwann ausgetobt. Kommen dann noch finanzielle Ernüchterung und ein mäßigender obrigkeitlicher Eingriff hinzu, wird ein Auslaufen der Welle verständlich.

Die den Hexen vorgeworfenen Untaten, soweit sie den eigentlichen Schadenzauber betreffen, beziehen sich in der Regel auf Beschädigung oder Vernichtung von Menschen, Nutztieren und Ernten. Es sind die drei Schadensfälle, die der Mensch der frühneuzeitlichen Agrargesellschaft am meisten zu fürchten hat, da sie neben dem Leben direkt die beiden lebenswichtigsten Güter bedrohen. Die nicht mit hochgezüchteten Getreidesorten arbeitende Landwirtschaft war in einem solchen Ausmaß wetterabhängig, daß schon von daher wetterbedingte Mißernten im Zentrum der Beschuldigungen und damit zugleich im Zentrum prozeßauslösender Faktoren zu erwarten sind. Zusätzlich müssen aber unbedingt berücksichtigt werden die Vorbildwirkung und die eben angesprochene Wechselbeziehung zwischen Gemeinden und Gerichtsherren. Für beides bietet wieder die Trierer Prozeßwelle um 1590 ein Musterbeispiel.

Die Vorbildwirkung in der Reichsstadt Köln hat in der zeitgleichen Niederschrift des Buches Weinsberg (Kölner Denkwürdigkeiten aus dem 16. Jahrhundert) ihren Niederschlag gefunden. Der Anfang der bekannten Stelle lautet: »A. 1589 den 30. jun. wulten etlichen vor gewiss halten, das die hexen oder zeuberschen das ungewitter vlittene nacht gemacht hetten, dan das gerucht ginge eitz stark, wie der von Schonenberg, churfurst von Treir, binnen und baussen Treir vil zeuber und zeuberschen, man und frauen, geistlichn und weltlichn, gefangen, verbrent und ertrenkt hett«.[119] Die wetterbedingten Mißernten in Kurtrier und die Verfolgung ihrer personifizierten Ursache lösen im benachbarten Gebiet den gleichen Mechanismus aus: das Unwetter der vergangenen Nacht hat seine Ursache in den Zauberschen. Die daraus folgenden Prozeßwünsche der Bevölkerung beschreibt der Chronist in ihrer Verbindung mit der obrigkeitlichen Reaktion darauf und zeigt damit die Rolle der Beziehung Gemeinde-Gerichtsherr für die Durchführung von Hexenprozessen. Nachdem er seine Verwunderung darüber zum Ausdruck gebracht hat, warum eigentlich im katholischen Stift Trier dem Teufel von Gott so viel mehr Zauberei gestattet wird als in anderen, nicht weniger katholischen Gegenden, kommt er zum Kern der Sache: »Wer hat ehe gehort, das einig zeuber oder zeuberin in Coln verurtelt oder verbrent sei. Oft hat man etlichen der ursachen gefangen, lang laissen sitzen, verhort, aber nitzs bestendigs kunnen vernemen. Sult dan in Coln nit so wol recht sin, so wol die warheit zu erforschen sin, als uff andern ortern? Eitz heude sitzt ein alt, arm weib uff dem Altenmart am putz im schopp, nacht und tag. Man sagt, sie were ein zeuberin, man verweist es ihr. Sie bekent es offentlich vor dem folk, begert, man sult sie verbrennen, ist vor vil jarn ein bois druslich weib gewest. Aber man leist sie passeren, sagt das sie dol sei.« Der Herausgeber hat zwar zu dieser Stelle angemerkt, die Inhaftierte sei am 13. September vor Gericht gebracht, Weinsbergs Behauptung also widerlegt worden, aber damit ist die Formulierung: »man läßt sie passieren« überinterpretiert. Weinsberg geht es ja ausdrücklich darum, daß man in Köln nicht verurteilt und verbrennt, die ordentliche Strafe wegen Zauberei also nicht anwendet. Tatsächlich weisen die Ratsprotokolle und Turmbücher dieser Jahre keine Todesurteile aus; Stadtverweisung war die Strafe, wenn es zur Verurteilung kam.[120]

Trotz der Anregung aus Kurtrier, trotz der durch das Unwetter ausgelösten Prozeßwünsche der Bevölkerung wird in der Reichsstadt Köln die alte Frau nicht zum Tode verurteilt, die gleichzeitig unter Hexereianklage in Haft und sogar geständig ist. Die Vorbildwirkung hat dort ihre Grenzen, wo der Gerichtsherr sich Prozeßwünschen erfolgreich widersetzt. Obrigkeitlicher Widerstand gegen Hexenprozesse ist öfter zu beobachten und kann sehr verschiedene Ursachen haben. Er muß auch keineswegs unwiderruflich sein, wie der Fall der nassauischen Grafschaften zeigt. Dort kam es zwischen den beiden Prozeßwellen um 1630 und in den 50er Jahren des 17. Jahrhunderts zu Prozeßwünschen aus der Bevölkerung, die letztlich abgewiesen wurden – z. T. von den selben Gerichtsherren, die vorher und nachher den Verfahren zustimmten.

Im Sommer 1644 hatten verschiedene Gemeinden um Durchführung von Hexenprozessen nachgesucht und damit auch zunächst Erfolg gehabt. Bevor aber eine regelrechte Prozeßwelle daraus wurde, lehnten die Gerichtsherren ab. Daß sie dabei untereinander Kontakt hielten, zeigt eine Stellungnahme der Kanzlei in Diez für Graf Ludwig Henrich von Nassau-Dillenburg vom 29. Juli 1644.[121] Es ist ein in vieler Hinsicht bemerkenswertes Schriftstück. Die Räte beginnen mit dem Auslöser der Unruhe, der Vorbildwirkung: Aus Kurtrier haben Verfahren auf nassauisch-trierische Gemeinschaftsorte und von dort auf Nassau übergegriffen. Die Unruhe weckte dann ihrerseits die Erinnerung, daß aus den zuletzt geführten Prozessen, nämlich denen um 1630, Besagungen auf jetzt noch lebende Personen ausstanden.

Ganz beiläufig werden an dieser Stelle Anfang und Ende der letzten Welle beschrieben: »besondern auch, als hiebevor in Anno 1629 und weiter dergleichen Process geführt worden – so aber nachgehends wegen eingefallenen Kriegswesens ersitzen blieben – noch viel unterschiedene Urgichten auf etzliche noch lebende Personen vorhanden . . .«. Als nun mehrere Gemeinden inständig um Prozesse anhielten, war zunächst auch die Obrigkeit darauf aus, sich »nicht weniger embsig eyferig zu bezeigen«. Das Ergebnis dieser Aktivität wird nun bis auf den Stand des Vortages im einzelnen beschrieben: Gegen 13 Personen ist vorgegangen worden, wenn auch noch nicht alle Verfahren abgeschlossen sind. Dieses Vorgehen aber hat eine Kettenreaktion ausgelöst. Fast alle Gemeinden haben inzwischen Prozeßwünsche angemeldet, weshalb es sich »dahin ansehen lässet, daß es woll eine starke Nachfolge geben möchte«.

Dagegen nehmen die Räte Stellung, wobei sie zunächst auf juristischer Ebene argumentieren. Der Teufel arbeite mit Verblendungen und falschen Einbildungen, die letztlich gar nicht mehr durchschaubar seien, so daß die Richter nirgendwo so leicht irren können wie in Hexenprozessen. Die juristischen Einwände gegen die Verfahren gipfeln in dem Satz: »Daß nämlich viele durch die Gewalt und Wirksamkeit der Tortur unschuldig ums Leben gekommen sind, steht einwandfrei fest« (Multos enim innocenter torturae vi et efficacia periisse, satis superque constat). Die zweite Argumentationsreihe zielt auf die wirtschaftliche Seite der Prozesse. Hier wird einem Landesherrn klargemacht, daß er letztlich immer der Geschädigte ist, weil seine Untertanen ruiniert werden. Die Erfahrungen der letzten Prozeßwelle wirken nach. Damals haben manche Verfahren Kosten bis zu 200 und 300 Rtl. verursacht; bei den jüngst geführten Prozessen hat die Kanzlei darauf geachtet, daß 60 Rtl. nicht überschritten wurden. Alle diese Einwände ändern jedoch nicht die grundsätzliche Haltung der Räte. Da sie letztlich dabei bleiben, gegen allseits als Hexen beschrieene Personen müsse prozessiert werden, unterlaufen sie in der abschließenden Stellungnahme ihre eigene Argumentation und programmieren die nächste Welle schon vor: »Unsers Orts seind fast [sehr] der unvorgreiflichen Meinung, daß, nachdem dieses abscheuliche Laster durch Hinrichtung etzlicher Personen aller Orten genugsam formidabel [furchtbar] gemacht, solches alsdann ein zeitlang, bis etwa dergleichen hochbeschreyete Personen wiederumb entdeckt und anbracht werden möchten, anstehen zu lassen. Denn alles auf einmal so nordöstlicher Verlängerung des Gebiets von Kurtrier erstreckt sich ein Streifen über die nassauischen Grafschaften und das Herzogtum Westfalen bis hinauf nach Lippe, Minden und Schaumburg, in dem Hexenprozesse in großer Zahl und in den genannten Wellen um 1590, um 1630 und um 1660 geführt worden sind. Genaue Zahlen können hier ebensowenig genannt werden wie im Fall Kurtrier, doch mag es wenigstens eine ungefähre Vorstellung vom Ausmaß der Verfolgung vermitteln, daß die Zahl der Opfer in Nassau über 400, im Herzogtum Westfalen über 800 beträgt; in den Grafschaften Waldeck und Schaumburg liegt sie über 200, in der Grafschaft Lippe über 300. Selbst Kleinstterritorien bringen es zu beachtlichen Zahlen, dafür seien als ein Beispiel die Hexenprozesse in der Obergrafschaft Wied (Wied-Runkel) angeführt. Das nordöstlich von Koblenz gelegene Ländchen war 1622 durch einen Bruderzwist noch weiter verkleinert worden, und da obendrein ein Konflikt mit Kurtrier bestand, war der auf das Amt Dierdorf beschränkte Landesherr seinen Untertanen gegenüber praktisch machtlos. Gleich der ersten Aufforderung der Gemeinde Dierdorf, Hexenprozesse führen zu lassen, kam er nach – die von 16 Einwohnern unterschriebene Supplik läßt die Vorbildwirkung der Nachbarschaft erkennen. Den nicht vollständig erhaltenen Akten nach sind 1629/30 nicht weniger als 32 Menschen hingerichtet worden. 1651/52 noch einmal 14.[135]

Von den kleinen Territorien im Harzgebiet wie Wernigerode, Quedlinburg usw., den anhaltischen Fürstentümern und den sächsischen Herzogtümern steht bislang nur fest, daß in ihnen Hexenprozesse in großer Zahl geführt wurden, während die Frage nach eventuellen zeitlichen Konzentrationen noch offen bleibt; gleiches gilt für Mecklenburg. Zeitliche Konzentrationen, wenn auch andere als die oben genannten, sind in jenem Raum anzutreffen, der sich südwestlich an die sächsischen Herzogtümer anschließt und die geistlichen Territorien Bamberg, Würzburg, Mainz und Fulda umfaßt. In den Fürstbistümern Bamberg und Würzburg kam es nach einzelnen Prozessen ab 1590 in den Jahren 1616/17 zur ersten Welle: 300 Menschen sollen von Juni 1616 bis Juni 1617 im Fürstbistum Würzburg hingerichtet worden sein; für Bamberg wird die Zahl von 102 Hinrichtungen im Jahre 1617 genannt.[136] Die schlimmsten Massenprozesse fallen jedoch in beiden Territorien in die Jahre zwischen 1625 und 1631, wobei 1628/29 herausragen: In Würzburg sollen sie 900 Menschen das Leben gekostet haben, in Bamberg über 300. Etwas anders sieht es in Kurmainz aus.

Nach einer Reihe von Prozessen im späten 16. Jahrhundert und einem ersten Verfolgungsansatz von 1602/03 liegen hier die Konzentrationen in den Jahren 1611–13, 1616/17 und 1627–29, wobei in Übereinstimmung mit Bamberg und Würzburg die späten 20er Jahre eindeutig herausragen. Insgesamt wird die Zahl der Hinrichtungen eher über als unter 1000 liegen. In Kurmainz wie in den nassauischen Grafschaften und im Herzogtum Westfalen sind Hexenprozesse ganz intensiv geführt worden, aber während oft genug kleine und kleinste Gebiete mit jeweils wenigen Prozeßakten Untersuchungen in Gestalt juristischer Doktorarbeiten gefunden haben, hat die Forschung den Hexenprozessen dieser Territorien nur geringe Aufmerksamkeit gewidmet. Dabei werden in den kurzmainzischen Hexenprozessen wieder die heftigen Prozeßwünsche aus der Bevölkerung deutlich, die auch in den Hexenprozessen der Territorien zwischen Kurtrier und mittlerer Weser eine wichtige Rolle spielen, wogegen in Bamberg und Würzburg anscheinend mehr die Landesherren aktiv werden. In dieser Hinsicht einen Sonderfall stellt die Fürstabtei Fulda dar. Dort fallen Massenprozesse in die Jahre 1603–05, eindeutig initiiert von dem berüchtigten „Malefizmeister" Balthasar Roß.[137] 205 Hinrichtungen hat er später genannt, in Wirklichkeit waren es sicher mehr. Fürstabt Balthasar v. Dernbach (1570–1606) setzte ihn ein, kaum daß er vom Kaiser die Regierungsgewalt wiedererlangt hatte, aus der er 1576 durch eine Gemeinschaftsaktion seiner protestantischen Landstände und des Würzburger Fürstbischofs verdrängt worden war. Roß zählt zu den verbrecherischen und auf Bereicherung bedachten Richtern, die in der Geschichte der Hexenprozesse öfter vorkommen, ohne deshalb die Regel zu sein. Nach dem Tode des Fürstabts wurde Roß verhaftet und schließlich zum Tode verurteilt und enthauptet.

Daß auch innerhalb des geographischen Rahmens, der hier ganz allgemein als Kernzone der Hexenprozesse bezeichnet wird, noch weiter differenziert werden muß, zeigt u. a. das Beispiel Hessen. Soweit die Informationen reichen, ist für Hessen-Kassel in den 50er Jahren des 17. Jahrhunderts eine gewisse Konzentration zu beobachten.[138] Sonst aber sind keine herausragenden Wellen bekannt, und es sieht so aus, als habe man sich in Hessen, verglichen mit manchen Nachbarterritorien, Hexenprozessen gegenüber zurückhaltender gezeigt. Dies gilt übrigens auch für die Markgrafschaft Ansbach-Bayreuth, und die fränkischen Reichsstädte Nürnberg und Rothenburg ob der Tauber wurden nachweislich von keinem Massenprozeß heimgesucht.[139] Dagegen wirken viele Kleinterritorien im Bereich der Wetterau wie die getreuen Spiegelbilder ihrer Nachbarn Mainz und Nassau.

Zwischen Kurtrier, den nassauischen Grafschaften und der französischen Grenze erstreckt sich ein Gebiet, das innerhalb der Hexenprozeßforschung den größten zusammenhängenden weißen Fleck auf der Landkarte bildet – von einer Untersuchung über die Saarbrücker Gegend abgesehen, gibt es nur wenige lokalgeschichtliche Beiträge.[140] Ein wichtiger Grund dafür dürfte in der Quellenlage zu suchen sein, die unter Kriegseinwirkungen – Dreißigjähriger Krieg, französische Einfälle – ebenso gelitten hat wie unter diversen Gebietsabtretungen mit dem jeweils dazugehörigen Auseinanderreißen der Archivalien. Die sehr starke territoriale Zersplitterung kommt erschwerend hinzu. Schon G. W. Soldan hatte über dieses Gebiet nicht viel gefunden, und Himmlers Sonderkommando erging es nicht besser. Damit bleibt eine fundierte Aussage über Hexenprozesse in der Kurpfalz und ihrer Umgebung im Westen ausgeschlossen. Das ist besonders unangenehm für die Frage nach der Rolle der Konfessionen im Zusammenhang mit den Prozessen, denn Kurpfalz war bekanntlich die führende Kraft unter den calvinistischen Territorien im Reich.

Zu berichten bleibt noch aus dem Bereich der Kernzone über den Südwesten Deutschlands, über das Gebiet zwischen Frankreich und dem Herzogtum bzw. Kurfürstentum Bayern. Der amerikanische Historiker H. C. Erik Midelfort hat ihm eine gründliche Arbeit gewidmet, die nur den Ostrand dieses Gebiets nicht erfaßt, einen Streifen, der etwa durch die Fürstbistümer Eichstätt und Augsburg markiert wird. Für sein Gebiet, das sich ungefähr mit dem heutigen Bundesland Baden-Württemberg deckt, konnte H. C. E. Midelfort 3229 Hinrichtungen für die Zeit zwischen 1561 und 1670 ermitteln, die sich – nach dem offiziellen Konfessionsstand der jeweiligen Gerichtsherrschaft – auf Katholiken und Protestanten im Verhältnis 3,6 zu 1 verteilen: 2527 Opfer in offiziell katholischen Territorien und 702 Opfer in protestantischen. Bemerkenswerterweise lief die Entwicklung bis um 1600 noch parallel, erst danach gingen die Katholiken mehr als zweimal so scharf gegen Hexen vor wie die Protestanten. Den Grund sieht H. C. E. Midelfort vor allem in konfessioneller Abgrenzung, die die katholische Seite einfach deshalb die härtere Haltung einnehmen ließ, weil auf der protestantischen Seite – wichtig dafür die Einstellung von Johannes Brenz in Württemberg – gerade die mildere vorherrschte.[141]

Die Hauptzeit der Hexenprozesse liegt im Südwesten insgesamt zwischen 1570 und 1630 mit einer Intensivierung zwischen 1611 und 1630. Wieweit in einzelnen Territorien darüber hinaus Konzentrationen zu verzeichnen sind, sei dahingestellt. Den Hauptgrund für das Auslaufen der Massenprozesse bis um 1680 sieht H. C. E. Midelfort in einer als „general crisis of confidence" beschriebenen Selbstschutzreaktion: Die fürchterliche Ausweitung der Prozesse erweckte schließlich selbst bei einstigen Befürwortern der Verfolgung Zweifel, Zweifel, die aus der Gerichtspraxis stärker erwuchsen als aus der Reflexion, und die zur genannten »Vertrauenskrise« gegenüber Hexenprozessen schlechthin führten. So überzeugend dies dargestellt ist – es bleibt doch sehr fraglich, ob dies allein die Prozesse verschwinden ließ, oder ob nicht noch ganz andere Faktoren eine Rolle spielten.

Über den südöstlichen Rand der Kernzone: Pfalz-Neuburg, Eichstätt, Augsburg bleibt noch nachzutragen, daß aus dem Fürstbistum Eichstätt Hexenprozesse in großer Zahl nachgewiesen sind. Man kann sicher von mehr als 200 Opfern zwischen 1590 und 1632 ausgehen. Für Pfalz-Neuburg und das Fürstbistum Augsburg ist beim jetzigen Forschungsstand nur die Tatsache von Hexenprozessen als solche zu konstatieren. Welche Ausmaße sie angenommen haben, bleibt eine offene Frage, wenn auch F. Zoepfl vermutet: »Trotzdem kann man heute schon sagen, daß die Hexenverfolgung im Hochstift Augsburg bei weitem nicht so umfangreich und schreckensvoll war wie in den Hochstiften Bamberg, Würzburg, Eichstätt, Freising, Trier, Straßburg, Fulda«.[142]

Diese Übersicht, das sei noch einmal betont, kann nur ein vorläufiger und ungefährer Ansatz sein, dessen provisorischer Charakter nicht zu übersehen ist. Mecklenburg ist mit keiner »Kernzone« verbunden, ebensowenig Teile von Schlesien, in denen möglicherweise auch sehr intensiv Hexenprozesse geführt wurden. Doch abgesehen von allen Korrekturen, die an dieser Übersicht vorzunehmen sind – es bleibt die Tatsache zeitlicher und räumlicher Konzentrationen. Die Vorstellung, Hexenprozesse seien in ganz Deutschland 200 Jahre lang oder noch länger mit gleichbleibender Intensität geführt worden, ist mit Sicherheit falsch.

Wie schon gesagt, wäre es auch unter Einbeziehung aller noch vorhandenen Quellen nicht möglich, absolute Zahlen für Hexenprozesse in Deutschland zu nennen. Da aber in der Literatur sehr oft geschätzte Zahlen genannt werden, muß auch dieses Problem zur

Sprache kommen. Als der Münchener Historiker Felix Stieve 1897 von den Millionen von Opfern sprach – »denn um solche, nicht nur um Hunderttausende handelt es sich« –, war er weder der erste noch der letzte Forscher, der Schätzungen in Millionenhöhe für angemessen hielt. Man kann sie in langer Reihe bis H. Brackert (1977) zusammenstellen.[143] Für Deutschland allein begnügte man sich mit Hunderttausenden. W. Krämer, um ein Beispiel zu nennen, schätzt 500000 für die deutschsprachigen Länder.[144] Dem steht die Poznań-Sammlung mit rund 30000 Karteiblättern gegenüber. In der Regel wurde ein Blatt für jeweils eine Person angelegt, gelegentlich erscheinen aber unbestimmte Angaben aus der Literatur wie »60 Personen« ebenfalls auf nur einem Blatt. Die Sammlung umfaßt also mehr Personen. Andererseits haben die Mitarbeiter des Kommandos ohne Unterschied zwischen Zauberei- und Hexenprozessen vom Mittelalter bis zur Gegenwart alle Angeklagten zu erfassen gesucht und zwar unabhängig davon, ob eine Hinrichtung nachweisbar war oder nicht. Ihre Sammlung ist nicht vollständig, und vor allem ist im Laufe der Jahrhunderte Quellenmaterial in unbekanntem Ausmaß verlorengegangen. Aber selbst wenn man die 30000 Karteiblätter verdoppelt und verdreifacht, bleibt die Zahl für Deutschland noch unter 100000.

III. Der Hintergrund

1. Sozioökonomische Probleme

a) Die soziale Basis

»La sorcellerie réprimée, tout d'abord, est surtout rurale« – diese auf Frankreich bezogene Feststellung kann mit gewissen Einschränkungen durchaus auf andere Länder übertragen werden.[145] Uneingeschränkt gilt sie für Polen, denn aus den dort ermittelten Hexenprozessen ist folgende Stadt-Land-Verteilung ermittelt worden:

große Städte	3 %
kleine Städte	16 %
Dörfer	81 %.[146]

Über die entsprechenden Verhältnisse im Reichsgebiet lassen sich vorerst noch keine sicheren Angaben machen; erkennbar sind nur wenige Anhaltspunkte. Zunächst sei aber daran erinnert, daß man sich unter der Stadt des Mittelalters und der frühen Neuzeit nicht die Giganten der Antike oder der Moderne vorzustellen hat. Für die Zeit des Mittelalters wird eine Stadt mit mehr als 10 000 Einwohnern allgemein als Großstadt eingestuft, mit zwischen 2000 und 10 000 Einwohnern als Mittelstadt und mit 500 bis 2000 als Kleinstadt, der Anteil der Kleinstädte an der Stadtlandschaft wird auf 90 bis 95 % geschätzt.[147] In der Frühneuzeit sind zwar Veränderungen eingetreten, doch war auch gegen Ende des Alten Reiches die Kleinstadt noch immer die typische Stadt schlechthin.

Wichtiger als die Frage nach der Bevölkerungszahl ist für diesen Zusammenhang die Frage nach der wirtschaftlichen Struktur der Kleinstädte, weshalb sie an einem Beispiel näher beleuchtet werden soll. An der mittleren Weser, ungefähr auf halbem Wege zwischen Hameln und Minden, liegt die Stadt Rinteln, die in der Zeit von 1621 bis 1810 eine Universität in ihren Mauern beherbergte. Ein Professor dieser Universität verfaßte 1801 in Regierungsauftrag ein langes Gutachten über Geschichte und derzeitige Lage der Hochschule, einen trotz gewisser Tendenzen im ganzen sachlichen Bericht. Nur an einer Stelle geht der Ärger mit dem Verfasser durch, als er nämlich auf das Verhältnis von Universität und Stadt zu sprechen kommt und dabei eine Gesamtbeurteilung der Rintelner Einwohner abgibt: Sie sind für ihn eine Ansammlung dummer, fauler, bösartiger Säufer! Sie sind dumm, weil sie nicht einmal die Lachse fangen, die in der Weser buchstäblich an ihrer Haustür vorbeischwimmen, sie sind faul, weil sie nur im Notfall arbeiten, Säufer, weil sie den höchsten Schnapskonsum von ganz Europa haben, und bösartig, weil sie die Universität schikanieren. Ohne Frage kommen hier Spannungen zwischen Stadt und Hochschule zum Ausdruck, die auch in der Geschichte anderer Universitäten zu beobachten sind. Fraglich ist dagegen, ob die eingeflochtene Beschreibung der wirtschaftlichen Verhältnisse zutrifft, wenn er von den Einwohnern sagt: »Sie waren in den ältesten Zeiten Bauern, blieben es und sind es noch. Bis auf den heutigen Tag schläft man in keiner Straße vor dem Dreschflegel sicher. Handlung und Gewerbe kennen nur wenige von ihnen. . . Nun sollte man freilich glauben, daß der Bürger durch seinen Ackerbau und Viehzucht, denen er sich fast ausschließlich widmet, sehr wohlhabend geworden sein müsse. . .".[148]

Eine Untersuchung der wirtschaftlichen und sozialen Verhältnisse Rintelns im 17. und 18. Jahrhundert korrigiert – wie zu erwarten – die aus altem Groll geborenen Übertreibungen des Professors. Das um 1230 entstandene Städtchen kann zunächst als typische Kleinstadt gelten. Es hatte 1726 (für dieses Jahr gibt es die erste zuverlässige Angabe) rund 1900 Einwohner. Der Anteil der Ackerbürger war zu dieser Zeit bereits stark gesunken im Vergleich zum 15. Jahrhundert, als kräftiger Zuzug von Bauern dazu geführt hatte, daß grundherrschaftlicher Besitz in größerem Umfang von Rintelner Bürgern bewirtschaftet wurde. Eine Beschleunigung erfuhr der Rückgang des bäuerlichen Elements im 17. Jahrhundert, wozu die Gründung der Universität (1621), die Verlegung der hessisch-schaumburgischen Regierung von Rodenberg nach Rinteln (1651) und der Ausbau der Stadt zur Festung (1665–72) beitrugen, indem nun Studenten, Beamte und Militärs einen Anteil an der nach Berufsgruppen aufgeschlüsselten Bevölkerung stellten, der um die Mitte des 18. Jahrhunderts rund 30 % betrug. Die übrigen 70 % sind zwar Handwerk und Gewerbe zugerechnet, betrieben aber gleichzeitig in einem solchen Ausmaß Landwirtschaft, daß die Schilderung des Professors in gewisser Weise doch richtig ist: Die Stadt hatte tatsächlich auch im Jahre 1801 noch stark ländlichen Charakter, obwohl sie zu dieser Zeit dank Hochschule, Verwaltung und Militär eben schon keine typische Kleinstadt mehr war.

Ob also für die in Rinteln zahlreich geführten Hexenprozesse des 17. Jahrhunderts eine wesentlich andere soziale Basis bestand als für die Prozesse in den umliegenden Dörfern, bleibt eine offene Frage. Auf der andern Seite ist bekannt, daß die größeren Städte die geringste Neigung zeigten, Hexenprozesse zu führen.[149] In Mittel- und Kleinstädten sind viele Verfahren nachgewiesen. In welchem Verhältnis aber die Zahl ihrer Opfer zu denen dörflicher Herkunft steht, darüber läßt sich noch nichts sagen.

Für beide, Stadt und Dorf, stellt sich die Frage, ob ihre Einwohner wirklich alle gleichmäßig von den Verfahren betroffen wurden, und hier klafft eine der empfindlichsten Lücken in der Forschung zu den Hexenprozessen in Deutschland. Es gibt keine Untersuchung, die den komplizierten sozialen Verflechtungen in den Dörfern und den großen Differenzierungs- und Umstrukturierungsprozessen Rechnung trägt. Gerade im 16. Jahrhundert vollzogen sich schwerwiegende Veränderungen, die zu Lasten der ursprünglichen Vollbauern, der eigentlichen bäuerlichen Gemeinde, gingen und ein Anwachsen der kleinbäuerlichen und unterbäuerlichen Schicht mit sich brachten. Die eigentliche bäuerliche Gemeinde bildeten die an Grund und Boden vollberechtigten Bauern, die gleiche Nutzungsrechte an der Mark oder Allmende und auch gleichen Anteil an der Dorfverwaltung hatten. Selbst hochmittelalterliche Nachsiedler, die durchaus über beachtliche Höfe verfügen konnten, waren in der Mark nicht vollberechtigt. Dies gilt natürlich erst recht für bäuerliche Kleinstellen, durch Hofteilungen oder Neuansiedlungen entstanden. Kleinstellenbesitzer erscheinen je nach Landschaft unter den verschiedensten Namen: In Schwaben und Franken hießen sie Seldner oder Köbler, in Mecklenburg und Brandenburg Kossäten, in Nordwestdeutschland Kötner oder Kötter. So unterschiedlich wie ihre Bezeichnungen war auch ihre wirtschaftliche und soziale Situation. Ihre wirtschaftliche Potenz reichte von auskömmlichen Höfen bis hinunter zu Kleinststellen, die gerade das Existenzminimum erwirtschafteten. Kompliziert war ihre Stellung in bezug auf die Gemeine, d. h. auf die Nutzung des Gemeindebesitzes. Von wenigen Ausnahmen abgesehen hatten zwar überall neben den Vollbauern auch die Kleinbauern Anteil am Gemeinbesitz, an Weidenutzung und Waldrechten, aber die Dorfordnungen lassen die unterschiedlichsten Regelungen erkennen.[150] Der Anteil an der Weidenutzung legte die Viehhaltung fest, indem jeder Hofstelle ihre Anzahl an Groß- und Kleinvieh zugewiesen wurde. Bei den sog. Eichelschweinen, also den Schweinen, die in den Gemeindewald getrieben wurden, lag bis auf den Tag genau fest, wer wann wieviele Tiere dem Gemeindehirten zutreiben durfte. Bei der Waldnutzung galten entsprechend gestaffelte Quoten für die Entnahme von Bau- und Brennholz.

Unterhalb dieser keineswegs homogenen Schicht der Voll- und Kleinbauern wuchs seit dem 16. Jahrhundert eine unterbäuerliche Schicht, die manchmal die »Unbeerbten« hießen, aber auch, regional verschieden, Bezeichnungen trugen wie Brinksitzer, Häusler, Leerhäusler, Tropfhäusler, Einlieger usw., die aber alle gemeinsam hatten, daß ihnen Grundbesitz und Vermögen fehlten, daß sie in der Regel von jeder Nutzung am Gemeineigentum ausgeschlossen blieben, während andererseits die Gemeinde versuchte, sie zu gleichen Pflichten und Lasten heranzuziehen wie die Altsiedler, und daß schließlich Voll- und Kleinbauern gemeinsam Front gegen sie machten. Der Grund für das starke Anwachsen dieser Schicht ist letztlich in der langfristigen demographischen Entwicklung zu suchen, in der ständigen Bevölkerungsvermehrung, die nach Überwindung der großen Bevölkerungsverluste des Spätmittelalters ungefähr um 1500 einsetzt.

Da dieser einschneidende wirtschaftliche und soziale Umstrukturierungsprozeß auf dem Lande während der frühen Neuzeit für die Erklärung der Hexenprozesse von größter Wichtigkeit ist, sei er an einem regionalen Beispiel genauer verfolgt, am Beispiel der Grafschaft Ravensberg.[151] Die dort seit dem mittelalterlichen Landesausbau langsam wachsende Bevölkerung konnte bis zu Beginn der Neuzeit in die bäuerliche Wirtschafts- und Sozialordnung der Vollhöfe und Erbkotten eingegliedert werden. Etwa um 1500 begann die Bildung der Markkotten, d. h. es entstanden bäuerliche Kleinstellen in der Mark, im Gemeinbesitz. Im ersten Drittel des 16. Jahrhunderts betrug im Ravensbergischen die Zahl der Markkotten 20 % aller Wohnstätten, gegen Ende des Jahrhunderts schon ein Drittel. Diese Entwicklung ging an die Grundlagen der bäuerlichen Existenz, denn die Markkotten belasteten die Altdörfer in doppelter Weise: Erstens verringerten sie die gemeine Mark direkt, indem sie Markgrund unter Kultur nahmen, und zweitens waren sie mit ihren 6 bis 10 Morgen Wirtschaftsland stärkstens auf die Nutzung der Mark angewiesen. Die Mark aber war in Ravensberg im besonderen Maße eine Säule der bäuerlichen Wirtschaft, weil sie außer zur wichtigen Weide und Mast sowie zur Holznutzung noch zum sog. Plaggenstich diente, d. h. bestimmte Teile des Waldbodens dienten zu Düngungszwecken. Infolge gegebener Bodenbeschaffenheit war kontinuierlicher Getreideanbau ohne Plaggendüngung unmöglich.

In diese wirtschaftliche und soziale Ordnung konnte weiteres Bevölkerungswachstum nicht mehr aufgenommen werden, und folglich entstand eine unterbäuerliche Schicht, deren Angehörige in Teilen von Nordwestdeutschland als Heuerlinge bezeichnet wurden. Da nachgeborenen Bauernsöhnen kein Neuland mehr zur Verfügung gestellt wurde, die Agrarverfassung zudem Hofteilungen ausschloß, blieb nichts anderes übrig, als diese Söhne auf dem Hof zu halten. Es bürgerte sich ein, ihnen ein kleines Landstück gegen Geld und Arbeitsleistung zu verpachten, ohne daß dies zum Lebensunterhalt gereicht hätte. Die Heuerleute blieben also auf Nebenerwerb angewiesen, indem sie entweder als Tagelöhner auf dem Hof ihres Hauswirtes arbeiteten oder sich als Wanderarbeiter – Hollandgänger! – oder Landhandwerker betätigen mußten.[152] Der hier schematisch und vereinfacht dargestellte Prozeß war zwar differenzierter, lief auch in den einzelnen Regionen unterschiedlich ab, doch wuchs überall diese unterbäuerliche Schicht in der Frühneuzeit stark an. In Ravensberg hatten sich ihre Mitglieder zwischen 1550 und 1672 von 500 auf 5000 verzehnfacht.

Daß diese gewaltige Verschiebung in der ländlichen Bevölkerung nicht konfliktfrei verlaufen ist, wurde mit dem Ringen um die Stellung der Unterbäuerischen schon angesprochen. Es sind Vorgänge mit ähnlicher Wirkung in England gewesen, die dort zu Versuchen geführt haben, Hexenprozesse im Zusammenhang mit einer »social disintegration« zu erklären. Gegen Ende des 15., verstärkt in der ersten Hälfte des 16. Jahrhunderts haben die Einhegungen (enclosures) des Adels, z. B. in Form der Umwandlung von Acker- und Gemeindeland in Weideland für die sehr einträgliche Schafzucht, die »depopulating enclosures«, denen ganze Dörfer zum Opfer fielen, in Verbindung mit anderen Faktoren wie dem Eindringen kapitalistischer Praktiken in die patriarchalische Grundherrschaftsordnung das traditionelle englische Dorf zerstört, eine Pauperisierungswelle ausgelöst und letztlich die Sozialstruktur der bäuerlichen Gesellschaft tiefgreifend verändert. In diesem Rahmen haben Keith Thomas und in seiner Folge Alan Macfarlane Hexenprozesse in England untersucht und sind dabei zu bemerkenswerten Ergebnissen gelangt. K. Thomas geht aus vom Gegensatz zwischen dem ethischen Kodex der traditionellen Dorfgemeinschaft und neuen, individualistischen Verhaltensweisen. Vereinfacht ausgedrückt, waren nach traditionellem Kodex die Mitglieder der Dorfgemeinde zu gegenseitiger Nachbarschaftshilfe verpflichtet, die jetzt der gewaltig gestiegenen Zahl der ärmeren Bewohner von seiten der Bessergestellten verweigert wird. Die »typische Hexe« ist nach K. Thomas eine Frau, die in einem Haus der Dorfgemeinschaft Nahrungsmittel erbittet oder Geld oder Gegenstände leihen will, jedoch abgewiesen wird und unzufrieden, vielleicht noch eine Verwünschung murmelnd, das Haus verläßt: Geschieht bald danach in dem Haus ein Mißgeschick, wird die Familie eine Hexereianklage gegen die abgewiesene Frau erheben. »The overwhelmingly majority of fully documented witch cases fall into this simple pattern« – so das Ergebnis von K. Thomas.[153]

Es liegt natürlich sehr nahe, diesen Versuch, Hexenprozesse im Zusammenhang mit den Verschiebungen in der ländlichen Bevölkerung zu erklären, auch auf Deutschland anzuwenden. Doch eben hier klafft die erwähnte empfindliche Lücke in der Forschung. Als ob es weder komplizierte soziale Verflechtungen noch Differenzierungs- und Umstrukturierungsprozesse in den Dörfern gegeben hätte, wird in der Forschungsliteratur nur der Stadt-Land-Unterschied zur Kenntnis genommen und die Landbevölkerung als homogene Masse behandelt. Trotz der vielen Bücher und Aufsätze zum Thema Hexenprozesse gibt es keine Untersuchung darüber, ob denn wirklich die Frauen der Vollspänner, Halbspänner und Erbkötter im gleichen Maße von den Prozessen betroffen waren wie die Frauen der Unterbäuerischen. Nach dem noch sehr vorläufigen Ergebnis meiner Untersuchung der Hexenprozesse in der Herrschaft Büren gehörten dort die Betroffenen, Hingerichtete wie Besagte, mehrheitlich der unterbäuerlichen Schicht an. Dabei kann vielleicht folgendes Beispiel die Möglichkeiten und Schwierigkeiten eines solchen Verfahrens verdeutlichen.

Ende 1670 reichten einige Einwohner der Herrschaft eine Bittschrift ein, in der sie ihren dringenden Wunsch nach weiteren Prozessen zum Ausdruck brachten. Die Supplik trägt folgende Unterschriften:

Hermann Kröger
Berend Eickmann   aus Sidinghausen
Georg Schmidt

Hermann Reheborn Eckhard Walters	vom Weberge
Christoffel Meiß Johann Menolf Frisch	aus Barkhusen
Jacob Brüggels	von der Hart
Johann Happen Henrich Fanten	aus Weyne.[154]

Von den drei Einwohnern des Kirchspiels Siddinghausen ist nur Hermann Kröger sicher identifizierbar; ein Kötter.[155] Die beiden Unterzeichner aus dem Kirchspiel Weiberg sind der Höhe ihrer Abgaben nach wohl Halbspänner; mit Sicherheit leben sie von ihrer Ackernahrung, gehören also zur bäuerlichen Gruppe.[156] Eine der großen Hofstellen bewirtschaftet Christoffel Meiß, Kirchspiel Barkhausen, dessen Vollspännergut in einer Bezeichnung von 1656 etwas von den Identifizierungsschwierigkeiten zeigt, die selbst bei den verhältnismäßig gut dokumentierten Steuerzahlern der Herrschaft durch den Wechsel von Hof- und Familiennamen entstehen: »Johann Meiß alias Borchartz Johann jetzt Christoffel Meiß«.[157] Sein Nachbar Johann Menolf Frisch hat ein Halbspännergut, zu dem aber eine volle Schafdrift gehört, und das auch mit vollem Pferddienst belastet ist.[158] Der Mann aus dem Kirchspiel Harth ist ein Kötter; von den beiden Unterzeichnern aus dem Kirchspiel Weine ist der erste ein Halb-, der zweite ein Vollspänner.[159] Das sind Leute, die Hexenprozesse wünschen. Unter den Betroffenen sucht man ihre Familiennamen vergebens.

Dafür findet man bei den Betroffenen oft Personen, die nicht mit einem Familiennamen bezeichnet sind. Der Brauch, einen erblichen Familiennamen zu führen, gilt um 1600 in den deutschen Territorien als allgemein verbreitet.[160] Die Verbreitung vollzog sich aber nicht nur geographisch, sondern auch schichtenspezifisch: Bei den Unterbäuerischen sind Rufnamen und Übernamen als alleinige Bezeichnung noch sehr viel länger anzutreffen.

Schließlich noch ein Beispiel für das von K. Thomas beschriebene Muster. 1629 brachte am Gericht der Herrschaft Büren Bauer Georg Risse folgende Hexereianklage vor.[161] Sein 17jähriger Sohn war unter Begleitumständen gestorben, die Zauberei vermuten ließen. Vor seinem Tod von den Eltern befragt – jetzt wörtlich – »ob er auch bey einem oder andern etwas gegessen, so solchs verursachet, habe der verstorbener Knabe geantwortet, daß Grete von Ettlen vor dreyen Tagen ihme in ihr Haus gefordert und vorgehalten, ob sein Vatter neben anderen einen Ziegenhirt gedinget hette, daß ihr Mann auch die Ziegen woll hette huden könnt. Der Knabe darauf geantwort, solchs concernirte ihme nichts. Gedachte Grete aber hette zwoe gebratene Äpfel gehabt, und ihme mit guten Worten genötigt, einen zu essen, den andern hette sie in die Schlippen [Asche] fallen lassen. Von dem gegessenen Apfel er die Krankheit hette und den Tod haben wurde«. Bezeichnenderweise wird die Frau nicht mit einem Familiennamen benannt, sondern nach ihrem Herkunftsort Ettlen bei Paderborn. Das hier angesprochene Häuslerehepaar, auf Arbeiten wie Ziegenhüten und ähnliches angewiesen, war bei der Stellenbesetzung nicht berücksichtigt worden. Als dem Bauern kurz darauf der Sohn starb, vermutete er darin einen magischen Racheakt des Ehepaars, das in der Tat einen begründeten Groll gegen ihn hegen konnte.

So unmöglich es ist, einzelne Beispiele zu verallgemeinern, so läßt sich andererseits nicht übersehen, daß noch mehr Anhaltspunkte vorhanden sind, die für eine Konzentration der Opfer in den sozial schwächeren Gesellschaftsschichten sprechen. Eine 1953 abgeschlossene Dissertation über »Die Berücksichtigung geburts- und berufsständischer und soziologischer Unterschiede im deutschen Hexenprozeß« hat auf der Basis der damals vorliegenden Literatur einen Überblick geboten über die in Hexenprozesse verwickelten Adeligen, Doktoren, Geistlichen, Militärs und deren Frauen und Angehörigen des gehobenen Bürgertums.[162] Unter den tausenden von Opfern in Deutschland bilden Angehörige der genannten Gruppen eine winzige Minderheit. Theoretisch konnte das »crimen exceptum«, das Ausnahmeverbrechen der Hexerei, von jedem begangen werden. Tatsächlich wurde gegen Angehörige privilegierter Gruppen jedoch selten Anklage erhoben. Kam das vor, erregte es Aufsehen und fand seinem Seltenheitswert entsprechend auch Eingang in die Quellen. So berichtet der bereits zitierte Trierer Kanonikus Johann Linden über die Verfolgungen um 1590: »Der Schultheiß mit zwei Bürgermeistern und einige Stadträte und Schöffen wurden verbrannt. Kanoniker aus verschiedenen Stiften, Pfarrer und Landdechanten wurden ebenfalls verurteilt.« Erwähnungen wie diese begegnen in zeitgenössischen Chroniken immer wieder. Das bedeutet indessen nicht, daß Angehörige der Oberschicht von

Hexenprozessen besonders stark oder auch nur im gleichen Ausmaß betroffen waren wie die übrige Bevölkerung. Es sind Hervorhebungen der wenigen Privilegierten, die Opfer von Hexenverfolgungen wurden, während von den vielen anderen nur allgemein die Rede ist. Johann Lindens Bericht ist dafür ein gutes Beispiel. Die Hunderte anderer Opfer erscheinen bei ihm nur im Sammelbegriff der »großen Zahl«.[163]

b) Die finanzielle Seite

Mit der Frage nach der sozialen Basis hängt aufs engste die Frage nach der finanziellen Seite der Prozesse zusammen. In der Forschungsliteratur werden dazu zwei zunächst widersprüchlich erscheinende Positionen vertreten. Beide entsprechen bestimmten Quellen. Zum einen wird in Regionaluntersuchungen über verschiedene Gebiete des Alten Reiches die wirtschaftliche und soziale Schwäche der Opfer festgestellt. Vier Beispiele, von Süden nach Norden ausgewählt, mögen als Belege genügen. »In der Grafschaft Baden«, schreibt K. Zimmermann, »reichten die Vermögen der verbrannten Hexen bei weitem nicht aus, um die Kosten zu decken, die durch die Verfolgung verursacht wurden, denn die bösen Wyber gehörten mit wenigen Ausnahmen zur ärmsten Schicht der Bevölkerung«.[164] In Franken war nach F. Merzbacher zwar keine Bevölkerungsgruppe vor Hexereibeschuldigungen sicher, jedoch »der Großteil der Beklagten gehörte den ärmeren unteren Volksschichten an«.[165] Ganz ähnlich äußert sich W. Krämer über die Opfer der von ihm untersuchten kurtrierischen Hexenprozesse, die mehrheitlich »nicht wohlhabend, ja geradezu arm waren, so daß vielfach Einzelpersonen oder die ganze Gemeinde sich verbürgen mußten, notfalls für die Prozeßkosten aufzukommen«.[166] Für die Betroffenen der Stadt Hildesheim schließlich behauptet W. Hartmann kategorisch: »Daß der größte Teil der Beklagten den unteren Volksschichten zufällt, erklärt sich aus der Tatsache, daß der Zauberglaube auf das stärkste mit Unbildung, Unkultur und Armut verknüpft ist«.[167]

Solchen und zahlreichen ähnlichen Äußerungen steht eine Meinung gegenüber, derzufolge die Bereicherung an Hexenprozessen geradezu ein Hauptmotiv für die Durchführung der Verfahren gewesen sein soll. Diese Meinung wird in der Literatur so durchgängig vertreten, daß hier stellvertretend für viele nur W.G. Soldans Bemerkung zu den Bamberger Prozessen zitiert sei: ». . . blieb das Hexenbrennen und die damit verschärfte Vermögenskonfiskation dennoch ein sehr gutes Geschäft«.[168] Diese Aussage, die auch gleich die Praxis der Güterkonfiskation einbezieht, steht wie die ganze Bereicherungsthese zu der oben skizzierten Meinung auf den ersten Blick in Widerspruch; denn entweder waren die Opfer mehrheitlich arm, dann konnte es eigentlich nicht viel zu konfiszieren geben, oder die Verfahren waren doch ein gutes Geschäft, aber dann wird die Unterschichtenthese fraglich.

Vor dem Versuch einer Klärung dieses Widerspruchs muß die Frage beantwortet werden, wer wieviel an wen bezahlte. Da es zwei Finanzierungsarten gab: mit und ohne Güterkonfiskation, sei mit der Kostendeckung ohne Konfiskation begonnen und eine der vielen Aufstellungen dieser Art vorausgeschickt. Für den Prozeß gegen Katharina Jäger aus Sachsenhausen in der Grafschaft Waldeck von 1661 wurden folgende Kosten verrechnet, in Reichstalern und Groschen:

»Verzeichnis der Gerichtskosten uff peinlich Beklagtin Catharin Jegerin gangen, nach dem vor diesem- und zum andernmal von der Landkanzley moderirten Taxa angeschlagen.

moderirt [ermäßigt]		[ursprünglich] Rtl.	Gr.
1 Rtl.	pro Inquisitione	3	
1 Rtl.	vors erste Substantialgericht	1	14
3 Rtl.	von 18 fiscalischen Zeugen abzuhörn	6	
3 ½ Rtl.	von 21 Zeugen, so der Defensor abhören lassen	7	
1 Rtl.	noch von 6 Zeugen des Defensoris abzuhören	2	
9 Gr.	pro actu inrotulationis		18
12 Gr.	von zweiten gütlichen Verhör		16
1 Rtl.	pro secundo termino substantiali	1	11
2 Rtl.	pro actu torturali	2	
9 Gr.	pro actu ratificatae confessionis		16
1 Rtl.	vors entliche und letzte Gericht	1	11
18 Gr.	mit dem Adjuncto die dreifache attestata collationiret	1	
1 ½ Rtl.	vor die vielen Nebentermini und gegebene Bescheide nach Ausweisung Protocolls	3	
9 Gr.	peinlichem Richter vor den Ausritt		9

17 Rtl. 21 Gr.

Nebengerichtskosten

4 Rtl. 8 Gr.	Urteil nach Jena	4	8
10 Rtl.	dem peinlichen Richter vor 18 Ritte...	14	
27 Gr.	noch peinlichem Richter dem Fiscal dreimal ein Pferd anhero zu reiten geliehen jedesmal ein Ort		27
1 Rtl.	Ehr Johann dem Pfarrherrn	1	
12 Rtl.	dem Fiscali Hegen pro labore	16	16
5 Rtl.	Meister Hans Michaeln	5	
4 Rtl.	Commentariensi wegen des langen Speisen und Aufwarten	5	
1 Rtl.	dem Stadtdiener vor seine Mühe	1	
4 Rtl. 4 Gr.	Botenlohn nach Jena mit dem Wartegeld	4	4
18 Gr.	nach Wildungen und Corbach Botenlohn		18
	dem Schützen zu vertrinken		12

42 Rtl. 25 Gr. summa summarum 60 Rtl. 10 Gr«.[169]

Der größere Teil der Prozeßkosten geht an die Gerichtspersonen, deren Zahl sicher größer war als die Abrechnung erkennen läßt. In ihr werden lediglich der Richter und ein Adjunkt genannt. Sodann erhält der Fiskal in seiner Funktion als Ankläger 12 Rtl., der Henker 5 Rtl. für Tortur und Hinrichtung. Der nächsthöchste Betrag von 4 Rtl. 8 Gr. geht an die Juristenfakultät in Jena, wozu noch 4 Rtl. 4 Gr. Versendungskosten kommen. Bleiben noch die Gebühren für Pfarrer, Boten usw. Damit sind zwar die Unkosten für Frau Jägers Familie nicht erschöpft – Kosten für den Verteidiger und die Haftverpflegung kommen mit Sicherheit hinzu –, aber wenn dies alles ist, was an das Gericht fällt, dann ergibt sich folgende Verteilung:

Fiskal	12 Rtl.	
Henker	5 Rtl.	
Aktenversendung	8 Rtl. 12 Gr.	
Pfarrer, Stadtdiener, Bote	2 Rtl. 18 Gr.	27 Rtl. 30 Gr.
Gerichtspersonen		31 Rtl. 12 Gr.

Übrigens liegt der Gesamtbetrag mit 59 Rtl. 6 Gr. etwas unter der Summe der Aufstellung, da sich der Schreiber in der ersten Addition um 1 Rtl., in der zweiten um 4 Gr. verrechnet hat. Für die Verteilung des Geldes aber zeigt diese Kostenaufstellung, was schon der Trierer Kanonikus Linden in der Prozeßwelle um 1590 beobachtete: Daß die am Prozeß beteiligten Personen verdienten, nicht der Landesherr.[170] Soviel geht nämlich aus allen Abrechnungen hervor: Blieben sie auf die Gerichtskosten beschränkt, erhielt der Landesherr nichts oder allenfalls eine Gebühr, die in keinem Verhältnis zu den Gesamtkosten stand. Im vorliegenden Fall könnte diese Gebühr in den 12 Rtl. enthalten sein, die der Fiskal Hegen erhält. Soweit der heutige, allerdings sehr dürftige Forschungsstand zum Fiskalat in den deutschen Territorien erkennen läßt, hat es die Besoldung auf Provisionsbasis gegeben.[171] Danach war der Fiskal prozentual an Strafgeldern beteiligt oder erhielt, im Fall von Kriminalprozessen ohne Geldstrafe, einen bestimmten Betrag pro Verfahren. Bei den ebenfalls 1660 geführten Hexenprozessen in der Grafschaft Schaumburg-Lippe zog der Fiskal eine Gebühr für die landesherrliche Kasse ein, von der er selbst nur einen Teil erhielt, obschon in der Abrechnung die ganze Gebühr mit der Formel »pro studio et labore« erscheint.[172] In Waldeck hat wohl eine ähnliche Regelung bestanden, zumal der Betrag von 12 Rtl. als Entgelt allein für den Fiskal ziemlich hoch wäre. Aber auch wenn die landesherrliche Kasse beteiligt ist, handelt es sich um einen Kleinbetrag, der nennenswerte Bereicherung ausschließt.

Bei dieser Art der Kostendeckung bestand für den Landesherrn kein finanzieller Anreiz, sich für die Durchführung von Hexenprozessen einzusetzen. Im Gegenteil, die Prozeßkosten belasteten die landesherrliche Kasse, wenn die betroffenen Familien zahlungsunfähig waren. Dazu nur eines von vielen Beispielen: 1595 berichtet der kurkölnische Kellner (Finanzbeamter) des Amtes Kempen über die Prozeßkosten eines Falles, daß er nach gerichtlicher Taxation des leider sehr geringen Besitzes der Hingerichteten noch 58 Gulden 12 Albus aus den Gefällen der kurfürstlichen Kellnerei habe zulegen müssen.[173] Etwas allgemeiner hat sich die Regierungskanzlei des Fürstbistums Münster über den gleichen Sachverhalt geäußert, als sie 1630 den Beamten im Amt Horstmar schrieb, sie sollten von den Prozeßkosten aus dem Besitz der Angeklagten so viel wie möglich wieder hereinholen, »si autem nihil sit in bonis [wenn aber kein Besitz existiere], konne man nichts eintreiben«.[174] Hexenprozesse waren teuer, und die prozeßfreudigen Einwohner der Herrschaft Büren befürchteten 1670 mit Recht, die begonnenen Prozesse könnten aus Kostengründen zum Stillstand kommen; deshalb schlugen sie eine Beisteuer vor.[175]

Unter solchen Umständen mußte der Gerichtsherrschaft daran gelegen sein, die Prozeßkosten möglichst niedrig zu halten. Die nassauischen Kanzleiräte in Diez haben es in ihrer oben beschriebenen Stellungnahme von 1644 als Erfolg gebucht, daß sie die Kosten auf maximal 60 Rtl. pro Verfahren begrenzen konnten, während früher manche Prozesse 200 bis 300 Rtl. verschlangen. Auch im Fall Katharina Jäger sind die Kosten von der Landkanzlei nach einer ermäßigten Gebührenordnung berechnet worden. Obrigkeitliches Eingreifen zugunsten möglichst niedriger Gerichtskosten ist denn auch oft zu beobachten. Wenn besondere Verordnungen zur Durchführung von Hexenprozessen erlassen werden, enthalten sie meist einschlägige Bestimmungen. So versucht z. B. die Trierer Ordnung von 1591 namentlich gegen die üppigen Spesen »mit grossen unordentlichen gelächern, essen und drincken« durch exakte Spesensätze vorzugehen.[176]

Hier liegt eine Möglichkeit, den Widerspruch zwischen wirtschaftlicher Schwäche der Opfer bei gleichzeitiger Bereicherung von Beamten und sonst am Prozeß beteiligten Personen zu erklären: andere trugen die Kosten oder streckten sie zumindest vor. Das mußte nicht immer die Obrigkeit sein; es gab auch die schon angedeuteten Fälle, daß ganze Gemeinden für die Kosten zu bürgen hatten. Der kurmainzische Kellner in Dieburg verlangte 1627 der prozeßwilligen Zentmannschaft erst einmal 2000 Gulden Kaution für die Gerichtskosten ab, vergleichbar der von Einwohnern der Herrschaft Büren vorgeschlagenen Umlage.[177]

Die zweite Art der Kostendeckung war die Güterkonfiskation, deren rechtliche Grundlage die entsprechende Bestimmung beim profanen Majestätsverbrechen bildete; darum sollte sie natürlich auch oder erst recht bei der Verletzung der göttlichen Majestät gelten.[178] In der Gütereinziehung ist, wie gesagt, ein kräftiger finanzieller Anreiz für die Durchführung von Hexenprozessen gesehen worden und zwar in der älteren Literatur von W. G. Soldan bis hin zu F. Merzbachers Feststellung: »Die Vermögenskonfiskationen spielten bei den Hexenprozessen oft eine entscheidende Rolle. Die Hexenjagd brachte allen daran Beteiligten reichlich Geld ein, sie füllte fürstliche und städtische Kassen und spendete Richtern, Henkern und Denunzianten nicht unerhebliche Taxen.« F. Merzbacher vermutet, daß der Würzburger Fürstbischof Philipp Adolf von Ehrenberg die Anregung für sein Konfiskationsmandat vom 10. Juni 1627 aus Bamberg bezogen hat und dann mit seinem Verhalten selbst wieder zum Vorbild für benachbarte Territorien wurde.[179] Daß im Fall der Gütereinziehung eine Vorbildwirkung nicht ausgeblieben ist, zeigt ein Beispiel aus Nassau-Siegen. Der dortige Amtmann schlug 1630 dem Landesherrn die Einführung der Konfiskation mit dem Hinweis vor: ». . . weiln Churfürstliche Durchlaucht zu Köln im rheinischen Erzstift und Churfürstliche Gnaden zu Mainz – der allhie Ordinarius ist – und auch die Herrn Bischöfe zu Bamberg und Würzburg neben anderen zu Bezahlung der Unkosten, da Kinder vorhanden sein, einen Kindteil, und da keine Kinder befunden werden, die halbe Erbschaft einziehen, wodurch die Armen sublevirt werden können«.[180]

Damit ist im Verfahren wie in der Begründung der Kern der Konfiskationsordnungen in den genannten Territorien zutreffend wiedergegeben. Eine Abhängigkeit der Ordnungen voneinander darf unterstellt werden, doch über die Art der Abhängigkeit ist kaum etwas bekannt. Die Vermutung, das Würzburger Konfiskationsmandat von 1627 gehe auf Bamberger Anregung zurück, wirft die Frage auf, wovon die Bamberger Regelung abhängt. Als Vorläufer ist die kurmainzische Konfiskationsordnung bekannt, die von Kurfürst Johann Schweikart am 13. April 1612 erlassen wurde.[181] Sie bestimmt die Einziehung eines Kindteils, sofern Kinder vorhanden sind, und die Einziehung der gesamten Hinterlassenschaft bei kinderlosen Verurteilten. Damit jedoch gegebenenfalls Ehepartner nicht mitbestraft werden, soll zuvor bei Verheirateten der gemeinsame Besitz geteilt werden – d. h. es läuft praktisch ebenso auf die »halbe Erbschaft« hinaus, wie es der Siegener Amtmann beschrieb. Als Begründung werden die hohen Prozeßkosten angeführt. Alle diese Punkte finden sich auch schon in der kurkölnischen Hexenprozeßordnung von 1607.[182]

Die Konfiskationsordnungen selbst nennen als Begründung die Notwendigkeit einer Art Lastenausgleich: Die Begüterten müßten mehr bezahlen, um so die Prozeßkosten der Armen mitzutragen. Der Würzburger Fürstbischof argumentiert indirekt mit der wirtschaftlichen Schwäche der meisten Opfer, wenn er sein Konfiskationsmandat mit dem Hinweis begründet, er könne die hohen Kosten weder den Gemeinden noch der landesherrlichen Kasse zumuten. Der Kölner Kurfürst sagt es ebenso.[183] Wenn diese Behauptung zutrifft, wenn wirklich die Konfiskation von Gütern Weniger nur die Prozeßkosten Vieler mitfinanziert, dann ist erneut die Möglichkeit gegeben, den Widerspruch zwischen wirtschaftlicher Schwäche der Mehrheit der

Opfer bei gleichzeitiger Bereicherung der am Prozeß beteiligten Personen zu erklären. Dann würden ebenfalls andere die Kosten tragen, diesmal nicht die Obrigkeit oder die Gemeinden, sondern die bessergestellten Opfer auf dem Weg über die Güterkonfiskationen.

Wenn dies zutrifft! Güterkonfiskationen sind ein Bereich im Gesamtkomplex Hexenprozesse, über den beim heutigen Forschungsstand wieder nur unter großem Vorbehalt zu sprechen ist. Fest steht allein die Vielfalt: Konfiskationen wurden in Kurmainz und Kurköln praktiziert, nicht in Kurtrier. Sie waren in dem einen Territorium erlaubt und im nächsten verboten. Sie mußten auch nicht immer zur Anwendung kommen; die angegebenen Beispiele zeigen, daß sie zu unterschiedlichen Zeiten eingeführt wurden. Fehlt schon eine zusammenfassende Untersuchung darüber, in welchen Territorien wann Konfiskationsordnungen Gültigkeit hatten, so liegt erst recht die Konfiskationspraxis und ihr Ergebnis im dunkeln. Wurden wirklich Überschüsse erzielt nach Abzug der Prozeßkosten? Wie hoch waren sie, und wozu wurden sie verwendet? H.C.E. Midelfort, der dem Problem im deutschen Südwesten nachgegangen ist und sich dabei für Ellwangen und Mergentheim auf reichhaltiges Quellenmaterial stützen konnte, drückt sich sehr vorsichtig aus. Der Nachweis, daß Konfiskationen für die Obrigkeiten einen Anreiz zur Hexenverfolgung bildeten, war nicht zu erbringen. Hingegen trat in Mergentheim eine Zweckbindung der Überschüsse zutage, die eine persönliche Bereicherung des Landesherrn ausschloß. Die Gelder waren ad pios usus bestimmt, zu wohltätigen Zwecken also.[184] Eine solche Zweckbindung der Überschüsse ist auch für das kurkölnische Westfalen nachzuweisen, wo sie in erster Linie dazu verwendet werden sollten, die zahlreichen zur Hexerei verführten Kinder unterzubringen und zu erziehen.[185]

Was bezüglich der Konfiskationen noch alles der Bearbeitung harrt, sei kurz an einer der unausgewerteten Listen aus Kurmainz verdeutlicht. Der Konfiskationsordnung von 1612 zufolge sollten ein Schultheiß oder Unterbeamter, zwei Gerichtspersonen und der Stadt- oder Gerichtsschreiber nach jeder Hinrichtung die jeweilige Hinterlassenschaft inventarisieren und in Geldwert veranschlagen. Danach war der Anteil des Fiskus zu berechnen. Ein undatierter Bericht des Zentgrafen Leonhard Sätz aus Lohr am Main bestätigt übrigens in Übereinstimmung mit den erhaltenen Abrechnungen, daß vor 1612 keine Konfiskationen durchgeführt worden sind.[186] Nach Erlaß der Konfiskationsordnung sind dann manchmal für längere Zeitabschnitte zusammenfassende Aufstellungen gefertigt worden, in denen Konfiskationserlöse und Prozeßkosten gegeneinander aufgerechnet wurden. Aus dem Amt Lohr ergeben solche Aufstellungen über vier Jahre folgendes Bild – die Beträge geben nur die Gulden wieder, daher die Unstimmigkeit von einem Gulden in der ersten Rechnung:

	Hinrichtungen	Einnahmen	Ausgaben	Ergebnis
1626/27	26	3699	1389	+ 2309
1628/29	55	1915	3021	− 1106.[187]

Die relativ hohe Einnahme von 1626/27 erklärt sich durch die Hinrichtung eines begüterten Ratsherrn der Stadt Lohr, die dem Fiskus die ganz ungewöhnlich hohe Summe von 1245 Gulden eingebracht hat. Ohne diesen Sonderfall stünde als Ergebnis nur ein Plus von 1065 Gulden für 1626/27 dem Minus von 1106 Gulden für 1628/29 gegenüber. So wie hier werden vermutlich überall die Ergebnisse schwankend gewesen sein, von Gericht zu Gericht und von Jahr zu Jahr. Wenn F.L. Weber eine Aufstellung über Einnahmen und Ausgaben für neun im Jahre 1613 in Aschaffenburg hingerichtete Personen veröffentlicht, bei denen ein Plus von 1404 Gulden verbleibt, und daraus schließt, Hexenprozesse seien grundsätzlich ein gutes Geschäft gewesen, dann nimmt er eine unzulässige Verallgemeinerung vor.[188] Erst Abrechnungen über längere Zeiträume können zeigen, ob trotz aller Schwankungen wirklich ein Plus verbleibt.

Dies ist dennoch auch für die Konfiskationen insgesamt zu beachten. Einträglichkeit für den Landesherrn kann nicht ohne weiteres unterstellt werden. Außerdem sind Konfiskationen nur in bestimmten Gebieten und dort auch keineswegs immer vorgenommen worden. Als der Kölner Kurfürst 1628 die Reichsstadt Köln dazu drängte, zur Deckung der hohen Gerichtskosten bei ihren Hexenprozessen die kurkölnische Hexenordnung zu übernehmen, fügte er die Empfehlung hinzu, die Konfiskation auf die Zeit der Massenprozesse zu beschränken und dann wieder zur alten Finanzierungsart zurückzukehren, wenn »diß generalwesen cessirn und herneckst wiederumb gegen ein oder zwei Hexen particulatim Justitia vorgenommen werden mochtte«.[189] Daß überhaupt die Finanzierungsart je nach Verhältnissen wechseln konnte, zeigt die Praxis des Gerichts Niederwildungen in der Grafschaft Waldeck.[190] Die Prozeßkosten waren von der Gerichtsherrschaft bezahlt worden, bis 1630 eine Prozeßwelle anlief. Nach dem Vorbild anderer Territorien und in Übereinstimmung mit einer Verordnung des Landesherrn ging das Gericht jetzt dazu über, die Unkosten aus der Erbschaft der Hingerichteten einzuziehen. Ein Advokat der Stadt, dessen Frau nach der Tortur in der Haft gestorben war, ergriff diese Gelegenheit, um gegen das Gericht einen Prozeß anzustrengen. Das Gericht seinerseits wandte sich an die Juristenfakultäten in Marburg und Rinteln und begründete sein Vorgehen hauptsächlich damit, »weil propter multitudinem maleficarum der Magistratus die Unkosten zu ertragen nicht vermag«. Die Fakultäten stimmten dem zu, und auch der Landesherr bestätigte im Dezember 1630 noch einmal: »Wegen der Gerichtskosten lassen wir es bey dem allgemeinen aller Örter Gebrauch, nur daß es nicht übermäßig gemachet und die unschuldige Erben gar an Bettelstab bracht werden«. Die Landkanzlei hat in der Folgezeit dann auch ein wachsames Auge darauf gehabt, daß es mit den Kosten »nicht übermäßig gemachet« wurde.

Das Kriminalgericht der Reichsstadt Köln verfuhr nicht nur bis 1630 wie Niederwildungen, sondern behielt diese Praxis auch weiterhin bei. Es lehnte sowohl die Konfiskationen wie auch die Erstattung der Unkosten durch die Angeklagten oder ihre Familien als unrechtmäßig ab.[191] Köln argumentierte genau wie der Wildunger Anwalt, daß Artikel 204 der Carolina, der die Unkosten der Gerichtsherrschaft auferlegt, nicht nur für den Akkusationsprozeß, sondern auch für den Inquisitionsprozeß gelte.

Allgemein läßt sich zur finanziellen Seite der Hexenprozesse in Deutschland also folgendes sagen. Drei Finanzierungsarten sind für die Gerichtskosten nachweisbar: die Bezahlung durch die Gerichtsherrschaft, die Bezahlung durch die Angeklagten oder ihre Familien, soweit sie dazu in der Lage waren, und die Bezahlung durch Güterkonfiskation. Die zweite Finanzierungsart ist aller Wahrscheinlichkeit nach die verbreitetste gewesen. Damit ist der Kenntnisstand aber auch schon fast erschöpft. Alle drei Arten kommen vor und können bei den einzelnen Gerichtsherrschaften wechseln; wo jedoch genau welche Praxis geübt wurde, darüber fehlt eine Gesamtübersicht. Immerhin läßt sich aus der Feststellung, daß die Kostendeckung durch die Angeklagten oder ihre Familien die gebräuchlichste war, ein wichtiger Schluß ziehen. Verdient haben bei dieser Finanzierungsart die Richter, Henker usw., aber nicht die Landesherren. Damit entfällt für sie ein finanzieller Anreiz zur Durchführung von Hexenprozessen. Außerdem läßt diese Tatsache ein Interesse der Obrigkeit erwarten, die Gerichtskosten möglichst niedrig zu halten, um nicht, wie es so oft heißt, die Untertanen an den Bettelstab zu bringen. Hemmungslose, vom Landesherrn unkontrollierte Bereicherung wie z. B. im Fall des schon erwähnten Fuldaer Hexenrichters Balthasar Roß ist öfter vorgekommen, doch wird man solche Fälle nicht als die Regel ansehen können.

2. Das geistige Klima

a) Ein Zeitalter der Krise?

»L'émergence de la modernité dans notre Europe occidentale s'est accompagnée d'une incroyable peur du diable«.[192] So charakterisiert Jean Delumeau in seinem Buch über die Angst im spätmittelalterlichen und frühneuzeitlichen Europa die massenpsychologischen Erscheinungen bei der Entstehung der Moderne, denen die Forschung schon des längeren Untersuchungen gewidmet hat. Angst als Kollektivmentalität ist für Delumeau die Grundtendenz dieser von immer neuen Katastrophen und Erschütterungen heimgesuchten Epoche, die er mit dem Bild der »cité assiégée«, der belagerten Stadt, zu erfassen sucht. Kurz und programmatisch hat sich in dieser Hinsicht schon 1974 Lynn White jr. in seinem Beitrag »Death and the Devil« für den Sammelband »The Darker Vision of the Renaissance« geäußert. Dem Buchtitel entspricht Whites Grundgedanke, daß die Zeit zwischen rund 1300 und 1650, das Zeitalter der Renaissance, »was the most psychically disturbed era in European history«.[193] Die von ihm und andern erforschten einzelnen Züge der Kollektivmentalität im Renaissancezeitalter können hier auf sich beruhen bleiben. Festzuhalten ist der Ansatz, die Angstausbrüche einer zutiefst verunsicherten Gesellschaft mit der Sündenbocktheorie zu verbinden und die Juden- wie die Hexenverfolgungen dieser Zeit als Antwort auf eine große Krise zu interpretieren. Prinzipiell ist dieser Ansatz nicht neu. Daß die Hexenverfolgungen des 16. und 17. Jahrhunderts die Judenverfolgungen der vorangegangenen Periode abgelöst hätten, wurde 1956 beispielsweise von A. Leschnitzer vorgetragen.[194]

Eine Schwierigkeit, diese These für die Erklärung von Hexenprozessen in Deutschland fruchtbar zu machen, liegt an dem unscharfen

Sprachgebrauch des Wortes »Krise«. Man könnte mühelos historische Darstellungen beibringen, deren Titel ein Jahrhundert der europäischen Geschichte nach dem andern als »Zeitalter der Krise« bezeichnen, vom Mittelalter bis zur Industrialisierung. Aber auch eingegrenzt auf die Zeit zwischen 1300 und 1650 bleiben Krisenschilderungen unbefriedigend, wenn darin mit demographischem Druck, Hungersnöten, Seuchen, Teuerungen, Kriegen, Konfessionskonflikten usw. so ziemlich alle negativen Faktoren der europäischen Geschichte aufgezählt werden.[195] Dergleichen nähert sich der Ebene unverbindlicher Allgemeinheiten, die für viele der großen Geschichtshandbücher beim Thema Hexenprozesse charakteristisch ist.

Um zu konkreteren Aussagen zu kommen, liegt es zunächst einmal nahe, den zeitlichen Rahmen auf die Hauptperiode der Hexenverfolgung zu beschränken. Wie schon im Kapitel über die Wellen erwähnt, hat die Forschung erkannt, daß langfristig und im großen europäischen Zusammenhang gesehen Hexenprozesse in einer gewissen Konzentration vorkommen. Über die zeitlichen Grenzen dieser Konzentration besteht zwar keine volle, doch ungefähr Einigkeit. Jedenfalls sind sich auch hier die meisten Autoren darüber einig, die Hauptzeit der Prozesse in Übereinstimmung mit einem besonders krisenhaften Abschnitt der westeuropäischen Geschichte zu sehen. Dazu sei nochmals R. Muchembled zitiert. Er setzt die Hauptzeit der Hexenprozesse für die Jahrzehnte zwischen 1560 und 1630 an und knüpft daran die Feststellung: »Chacun des pays cités est d'ailleurs le théâtre des guerres de religion et de troubles politiques importants: conséquences de la Réforme en Allemagne et en Suisse, puis guerre de Trente ans; révolte des Pays-Bas contre l'Espagne; installation définitive de la Réforme anglicane puis Révolution en Angleterre; guerres de Religion et révoltes populaires nombreuses jusqu'á la Fronde en France«.[196]

Daß diese Krise mit der Diskussion der Historiker über »die Krise des 17. Jahrhunderts« schwer vereinbar ist, sei nur erwähnt. In jedem Fall muß genauer eingegrenzt werden. Denn so zutreffend auch alles ist, für eine Erklärung der Hexenprozesse in Deutschland wird damit nicht viel gewonnen.[197] Aber auch der in der Literatur viel bemühte Hinweis auf den Dreißigjährigen Krieg bleibt, obgleich schon eine erhebliche Einschränkung gegenüber säkularen Krisen, noch sehr vage. Trotzdem soll jetzt versucht werden, dem Problem im Zusammenhang mit dem großen Krieg näher zu kommen, nämlich am Beispiel der Prozeßwelle in den Jahren um 1630.

Im April 1629 schickte der Amtmann von Nassau-Siegen den Gerichten der Grafschaft die schon mehrfach genannte Aufforderung zur Anzeige verdächtiger Personen mit der Begründung, die Einwohner hätten bei ihm dazu »oftmalig anhalten lassen«. Über dieses Drängen der Einwohner erfährt man ebensowenig wie über die dahinterstehenden Personen. Als aber im Sommer 1630, nach bis dahin 25 Hinrichtungen, der Amtmann die Prozesse aus Kostengründen stoppte, supplizierten Rat und Bürgerschaft der Stadt Siegen beim Landesherrn mehrfach um Fortsetzung der Verfahren.[198] Da auch bei dem Bemühen, zu Anfang der 50er Jahre eine dritte Welle in Gang zu bringen, alte und junge Zunft- und Handwerksmeister für sich sowie für den Rat und sämtliche Bürgerschaft sprechen, liegt es nahe, in ihnen auch im Frühjahr 1629 eine treibende Kraft zu sehen. Warum diesem Drängen 1629 nachgegeben wird, während der Versuch der 50er Jahre zeigt, wie die Obrigkeit die Prozesse abblocken kann, ist eine offene Frage. Eine wichtige Rolle spielt anscheinend die schon beschriebene Vorbildwirkung von entsprechenden Ereignissen in anderen Territorien. In den Eingaben an den Landesherrn wird die Notwendigkeit für weitere Hexenprozesse mit dem Hinweis auf das stark angewachsene Zauberlaster und seine strafrechtliche Verfolgung in Nachbarterritorien begründet. Eine typische Formulierung von 1630 lautet: »Demnach das allerabscheulichste und höchstverdamblichste Laster und Sünde der Zauberey und Hexerey leider hin und wieder soweit eingerissen, daß es schier vor keine Sünde mehr gehalten werden will, derowegen dann nit allein die benachbarte angrenzende catholische Chur- und Fürsten als Trier und Cölln, sondern auch die benachbarten Grafen und Herrn und insonderheit Euer Gnaden Herr Vetter, Graf Johann Ludwig und Graf Ludwig Henrich, Grafen zu Nassau, Catzenelnbogen etc., aus gottseligem Eifer bewogen worden, zu Ausrottung solches hochschädlichsten Lasters . . .« usw. Mit dem »angrenzenden« Kurfürstentum Köln ist natürlich das Herzogtum Westfalen gemeint, das kurkölnische Sauerland. Die Empfindung, das Zauberlaster habe nach den Prozessen aus der Zeit um 1590 nun wieder gewaltig zugenommen, wird oft und mit ähnlichen Worten zum Ausdruck gebracht; auch das oben zitierte Gericht in Wildungen war 1630 der Meinung, daß »das Laster der Hexerey nunmehr gantz uberhand genommen«.

Warum sind um 1630 so viele Zeitgenossen der Meinung, das Zauberlaster habe jetzt gewaltig zugenommen? Warum lassen sich eben jetzt so viele Gerichtsherren durch das Drängen der Gemeinden bzw. durch die Vorbildwirkung anderer Territorien dazu veranlassen, den Prozeßwünschen stattzugeben? Besteht ein Zusammenhang mit dem Kriegsgeschehen? Um bei dem territorialen Beispiel Nassau zu bleiben – in einer Untersuchung über die Kriegsnöte der nassauischen Grafschaften heißt es: »Die Früchte waren im Jahre 1629, wie auch im vorhergehenden Jahre, schlecht gerathen. Dadurch war denn auch das Elend im Jahre 1630 sehr groß und in allen Theilen des Landes starben Menschen vor Hunger. Man backte Brot aus Eicheln, Hanfkörnern und Wurzeln und doch war der Hunger nicht zu stillen. Dabei herrschten in verschiedenen Theilen des Landes ansteckende Seuchen und Krankheiten, die viele Menschen wegrafften«.[199] Diese Aussage deckt sich mit vielen Gesamtdarstellungen zum Dreißigjährigen Krieg. Die englische Historikerin C.V. Wedgwood beispielsweise schildert den Zustand Deutschlands im Jahre 1630 ganz ähnlich: Mehr als die Hälfte des Reiches habe Truppenbesetzungen und Truppendurchzüge erlebt mit der üblichen Gefolgschaft von Hungersnöten und Seuchen. »Vier Mißernten in den Jahren 1625 bis 1628 hatten das Maß des deutschen Jammers voll gemacht. Die Pest forderte unter der verhungerten Bevölkerung schreckliche Opfer . . .«.[200]

Günther Franz hat der deutschen Bevölkerungs- und Agrargeschichte zur Zeit des Krieges eine Studie gewidmet, die es trotz der zitierten Äußerungen nicht geraten erscheinen läßt, den angesprochenen Hunger-Seuchen-Zyklus ohne weiteres zum prozeßauslösenden Faktor zu erklären. Um mit der Pest zu beginnen – sie tauchte zwar vor wie während des Krieges hier und da immer wieder auf, aber der große, überregionale Pestzug begann erst 1634 und überzog bis 1640 hauptsächlich den Südwesten und das östliche Deutschland.[201] In der überregionalen Entwicklung der Preise für Agrarprodukte fällt die erste herausragende Teuerung in die Jahre 1624/25, wobei die Inflation infolge Münzverschlechterung, die »Kipper- und Wipperzeit«, eine wichtige Rolle spielte. Danach sanken die Preise wieder, und wenn es auch gegen Ende der 20er Jahre tatsächlich zu einem erneuten Anstieg kam, so erreichte er doch bei weitem nicht den Stand von 1624/25 und schon gar nicht den Stand der schlimmsten Teuerung in der ersten Hälfte des 17. Jahrhunderts überhaupt, die für die Jahre 1637/38 zu verzeichnen ist.[202] Eine andere Kriegsfolge, von der weite Gebiete schmerzlich betroffen wurden, läßt sich viel schwieriger einschätzen: die Kriegskontributionen, die Leistungen für Sold und Verpflegung, die von den Truppen ohne Rücksicht auf Freund und Feind erhoben wurden. Sie kommen in nassauischen Hexenprozeßakten mehrfach zur Sprache wie etwa im folgenden Verhörprotokoll aus einem Dillenburger Prozeß von 1631: »Quaestio [Frage]. Ob er nicht gered, wer das Zaubern nicht könne, der sollt es noch lernen, damit man die Bezahlung der Schatzung desto baß [besser] tun könne? Responsio [Antwort]. Die Eliasin hätte das getan und darzu gesetzt, man hange jetzt so viel an die Hundspforten [das Dillenburger Gefängnis für die Hexen], man könnte wohl ein paar Ziel Schatzungen darvon bezahlen«.[203] Wie immer die Kontributionen dieser Jahre aber auch gewirkt haben, es waren weder die letzten noch die schlimmsten. Hier wie im Fall des Hungers und der Seuchen war, mit C. V. Wedgwood zu sprechen, im Jahre 1630 »das Maß des deutschen Jammers« noch lange nicht voll.

Daß die Jahre um 1630 gleichwohl eine überragende Stellung im Gesamtverlauf des großen Krieges einnehmen, hat nichts mit Hungersnöten und Seuchen zu tun, sondern mit der politischen Entwicklung. Im Reich stand der Kaiser auf der Höhe seiner Macht. Seit den Tagen Karls V. hatte kein Habsburger eine solche Position in Deutschland wie Ferdinand II. im Jahr 1628. Der Däne war geschlagen, die kaiserliche Armee beherrschte das Reich bis an die Küsten von Nord- und Ostsee. Am 11. März 1628 konnte sich der Kaiser die Unterschrift unter ein Patent leisten, das die mecklenburgischen Herzogtümer auf Wallenstein übertrug, das also einen regierenden Fürsten absetzte zugunsten eines geborenen Untertanen der Krone und kleinen böhmischen Adeligen. Gegen Ende des gleichen Jahres wurde in Wien ein Plan entworfen, dessen erfolgreiche Durchführung im Reich revolutionäre Folgen haben mußte: Am 6. März 1629 verkündete der Kaiser das Restitutionsedikt, das die Rückgabe aller seit 1552 von den Protestanten eingezogenen geistlichen Güter an die katholische Kirche vorsah. Dieser Versuch, die geschichtliche Entwicklung von einem dreiviertel Jahrhundert rückgängig zu machen, bedeutete Besitz- und Konfessionsstandswechsel für zwei Erzbistümer, mindestens drei, wahrscheinlich sieben Bistümer und über 500 Klöster und Stifte, also eine völlige Umwälzung der Konfessions- und Machtverhältnisse im Reich. Er bedeutete aber auch für die Betroffenen einen Zwang zur Abwehr, die mit Schwedens Eingreifen und Frankreichs Unterstützung letztlich gelang. Restitutionsedikt, Landung der Schweden (4. Juli 1630), Zerstörung Magdeburgs (20. Mai 1631), die vernichtende Niederlage der Kaiserlichen in der Schlacht von Breitenfeld (17. Sept. 1631) und der anschließende Siegeszug der Schweden durch Deutschland markieren einen Abschnitt des Krieges, der von den Zeitgenossen als besonders dramatisch erlebt worden ist.[204]

Kann die zeitliche Übereinstimmung dieser erregenden Vorgänge mit explosiver Hexenverfolgung als Zufall betrachtet werden? Ließ ein gesteigertes Krisenbewußtsein eine verhältnismäßig kleine Agrarkrise von Mißernten und Teuerung als unverhältnismäßig bedrohend erscheinen? Gab etwa die Erregung über die konfessionspolitische Entwicklung allein den Ausschlag? Sofern solche und ähnliche Fragen überhaupt schlüssig zu beantworten sind, werden die Antworten wohl noch lange auf sich warten lassen. Fehlen schon Untersuchungen zu Problemen, die von der Quellenlage her eigentlich zu bewältigen sein müßten, etwa über die Verteilung von treibenden Kräften und Opfern bei Hexenprozessen in der länglichen Bevölkerung, so sieht es bei den viel schwieriger zu erfassenden Problemen auf der Mentalebene entsprechend trüber aus.

Einen der wenigen Ansätze in dieser Richtung stellt die Arbeit von R. Mandrou dar über den Wandel der Einstellung zu Hexenprozessen bei einem Teil der intellektuellen Elite in Frankreich. Die Masse der Bevölkerung ist damit nicht erreichbar, aber auf einer anderen sozialen Ebene zielt R. Mandrous Untersuchung auf jenen Bereich, für den hier die Bezeichnung »geistiges Klima« nur ein sprachlicher Notbehelf ist. Seine Fragestellung läßt sich in abgewandelter Form auch auf Deutschland übertragen: Warum lehnten Angehörige der intellektuellen Elite in Frankreich von einer bestimmten Zeit an die Durchführung von Hexenprozessen ab?[205] Die skandalösen Besessenheitsprozesse in der ersten Hälfte des 17. Jahrhundert, die teilweise zu regelrechten Staatsaffären wurden, haben in Frankreich jene »general crisis of confidence« hervorgerufen, wie sie H.C.E. Midelfort in anderen Formen im deutschen Südwesten angetroffen hat.[206] In Frankreich ermöglichte die fortgeschrittene Zentralisierung einem relativ kleinen Personenkreis die Abblockung der Verfahren im ganzen Königreich.[207] Warum endeten in Deutschland die Massenprozesse erst um 1680? Wie löste sich hier bei den vielen Gerichtsherren die Glaubwürdigkeit der Hexenlehre auf? Oder aus welchen anderen Motiven weigerten sich jetzt Obrigkeiten, den teilweise durchaus noch bestehenden Prozeßwünschen aus den Gemeinden nachzugeben?

Man sieht, auf dieser Ebene bleiben nicht weniger viele Fragen offen als im sozioökonomischen Bereich. In beiden Fällen aber empfiehlt es sich, Erklärungsversuche nicht zu großräumig anzulegen. Dazu abschließend noch ein Beispiel: »Die wirtschaftlichen, sozialen und politischen Krisen des 13. und 14. Jahrhunderts führten unter Aufnahme heidnischer und häretischer Traditionen zu den ersten Ansätzen des theologischen Hexenmusters, das erst im Laufe des 15. Jahrhunderts seine kodifizierte Form erhielt. Daß sich in Zeiten des Umbruchs der Realitätsdruck verstärkt und die Menschen nach neuen Weltinterpretationen suchen, scheint unmittelbar einleuchtend«.[208] Nun, unmittelbar einleuchtend wird dies erst aus einer Perspektive, in der ungefähr die ganze europäische Geschichte als eine einzige Krise erscheint. Denn schließlich – für welches Jahrhundert gilt die Aussage über wirtschaftliche, soziale und politische Krisen eigentlich nicht? Und wenn das 13. und 14. Jahrhundert als »Zeiten des Umbruchs« bezeichnet werden, wann herrschen dann eigentlich keine »Zeiten des Umbruchs«?

b) Der große Haß

Ende August 1631 vernahm ein Gericht in Dillenburg im Fall der Witwe Barbara Jung aus Donsbach zwei Zeuginnen, die von den Anklägern im Dorf Donsbach namhaft gemacht worden waren.[209] Den Vernehmungen lag ein nicht mehr erhaltenes Frageschema zugrunde, doch lassen sich aus den meisten Antworten die Fragen unschwer rekonstruieren.

Die Zeugin Krein [Katharina], Frau von Peter Tieln, beantwortet die ersten drei Fragen wörtlich wie folgt: »Ad 1. Sie hette der Barben Eltern, weil Barb von Nantzenbach nacher Donsbach kommen, nicht gekennet, hab nie nichts von der Barben Eltern vernommen. Ad 2. Der Mehrerteil der Nachbarn haben sie, Barben, im Verdacht der Zauberey gehalten, und sey darvon ein gemein Gerücht und Gemümmel under den Nachbaren im Dorf Donsbach gewesen. Ad 3. Sie, Zeugin, hette nun ein Jahr oder 2 bey der Barben gewohnet, seither und auch zuvor hab das Gemümmel zwar von ihr gangen, aber nicht so stark als wie Jost Vesch Mangel (wie sie darvorhalte) an einem Bein bekommen, den Arwohn des Schadens wegen uff ihn getanen Fluchens uff diese Barb gehabt. Daß sie, Zeugin, böse Gedanken uff diese Barben habe, komme daher: Als sie, Zeugin Krein, etwa ohngefehr ein Jahr oder anderthalben nechst bey sie, Barben, zu wohnen kommen, hetten beide, Zeugin und Barb, das Viehe miteinander getrieben, zu dem mahl

Barb der Zeugin ein Stück Platz oder Brotkuchen angeboten und auch gegeben, darvor ihr, der Zeugin, geekelt, weil der Platz oder Kuchen nicht allein etwas weich und gar bedeumelt [mit dem Daumen eingedrückt, zermatscht], sondern auch Barb in so bösem Gerücht gewesen, insonderheit aber ihr, der Zeugin Kreinen, weder vor oder nach von ihr, Barben, ichtwas besonders von Essenspeis angeboten worden. Derowegen sie, Krein, auch den Kuchen in ihrer Hand behalten, bis sie in ihr Haus kommen, da sie dann den Kuchen in den Häutrog geworfen, daß die Schwein denselben fressen, welche alle miteinander auch im Hinaustreiben, wie sie anders nit spüren können, frisch und gesund gewesen. Etwa anderthalb Stund darnach were der Schweinehirt zu ihr, Zeugin, in ihr Haus kommen und ihr verkündet, wie daß ihrer Schwein eins krank were, um wes willen sie, Zeugin, zu den Schweinen gangen und hette befunden, daß es allererst dot gewesen. Daher hett sie geargwohnet, dasselb Schwein hette den Platz oder Kuchen gessen und were darvon gestorben. Vorm Jahr were ihr ein schwarz Stoppelkalb gestorben, da sie auch etwas Gedanken und Argwohn uff diese Frau der Ursachen halben bekommen, dieweil sie, Barb, des Abends, als das Kalb aus den Stoppeln kommen, dasselb in ihro, der Zeugin, Abwesen ingebunden; item daß das Kalb noch gesund aus den Stoppeln kommen, dasselb des andern Morgens krank gewesen und ganz weiß Ding von ihm gelassen, auch noch desselben Tags gestorben.«

Die erste Frage dieser geradezu typischen Zeugenvernehmung zielte darauf ab, ob schon die Eltern der Verdächtigten im Gerücht der Zauberei gestanden hätten, denn nach dämonologischer Tradition verführen die Teufelsverbündeten zuerst immer ihre nächsten Angehörigen.[210] In der Hexenlehre hielt man die Kinder für die zuerst Verführten. So schreibt Jean Bodin: »Unnd in sonderheit vor allem, wann des Beschuldigten Zauberers Vater oder Mutter oder beide Eltern Zauberer und Unholden seind gewesen. Dann wo diß stuck mit dem gemeynen Ruff zuschlägt, ist es ein uberkrafftigs Argument«.[211] Der allgemeine Ruf, das Gerücht bildet den Inhalt der Zeugenaussage zu Punkt 2 und 3. Hier ist sehr genau beschrieben, wie dieses mörderische »Gemümmel« zur Lebensgefahr für Frau Jung anschwillt. Bei irgendeiner Gelegenheit stößt die Frau im Zusammenhang mit Jost Vesch einen Fluch aus, diesem erkrankt daraufhin ein Bein, und schon sieht er darin die Wirkung eines Schadenzaubers und erzählt es so den Nachbarn bei jeder Gelegenheit. Einmal in Gang gebracht, führt das

Gerücht ein Eigenleben, das von sich aus immer neue Verdächtigungen produziert, wie die Zeugin beschreibt: Weil Barbara in so bösem Gerücht steht, kommt ihr der geschenkte Kuchen verdächtig vor, kommt ihr das Anbinden des Kalbes verdächtig vor. Ferner berichtet sie noch von Frau Jungs Freundschaft mit einer anderen, ebenfalls mit Zauberei berüchtigten Frau und von einem Ehebruchsfall.

Die nächste Zeugin, die fünfundzwanzigjährige Barbara Immel, eine unverheiratete Schwester der ersten Zeugin, ergänzt deren Aussage bezüglich des Ehebruchs.[212] Barbara Jung ist vier Jahre zuvor im Dorf ins Gerede gekommen, sie habe ein Verhältnis mit einem gewissen Hermann Ningel. Die Frau dieses Ningel war dabei die treibende Kraft. Bei einem gemeinschaftlichen Wäschewaschen hat sie schließlich Frau Jung als Zauberin beschimpft, mit dem Erfolg, daß sich der Pfarrer einschaltete und mit beiden ein Gespräch führte, über dessen Inhalt und Folgen die Zeugin nichts sagt. Im übrigen präzisiert die Zeugin die Eskalation des Gerüchts durch eine Zeitangabe. Zunächst sagt sie zwar, sie kenne das Gerücht von Jugend auf, »woher daß man sie vor eine Zauberin halte, wisse sie, Zeugin, eben nicht, nur daß sie fast also von menniglich im ganzen Dorf, auch von kleinen Kindern, gehalten werde«. Die Verstärkung durch das Gerede des Jost Vesch datiert sie dann aber genau: vor 12 Jahren. Da Vesch ihr Pate ist, dürfte die Quelle dieser Information feststehen.

Bestätigt wird dies durch Jost Vesch selbst, den das Gericht gleich anschließend vernimmt. Zunächst sagt er aus, Frau Jung sei vor 40 Jahren ins Dorf gekommen – also 1591 – und habe ein Dutzend Jahre unbescholten dort gelebt; seit 28 Jahren – seit 1603 – werde sie der Zauberei bezichtigt: »Dahero er als ein 60jähriger Mann nicht wohl wissen könne, wo der Anfang des bösen Verdachts herkommen, allein daß sie zänkisch und darbey gar einsam sey; man hab nit gern mit ihr zu tun . . .«. Damit kommt eine Ortsfremde ins Blickfeld, die nicht in die Dorfgemeinschaft integriert worden ist, eine Außenseiterin. Gleichgültig, ob sie von Anfang an schwierig und kontaktarm war, oder ob sich dies erst im Laufe der 12 Jahre ergab – sie blieb die Fremde, die schließlich zur bösen Fremden wurde, der man alles Böse zutraute. Höchst aufschlußreich berichtet der Zeuge über jenen Fall von Schadenzauber, der die erste massive Steigerung des bösen Gerüchts zur Folge hatte. Vor 12 Jahren – also 1619 – bewässerte Vesch die Wiese seiner Stiefkinder, wozu er das Wasser von der angrenzenden Wiese der Frau Jung holte. Plötzlich sah er die Frau kommen und legte sich ins

Gras, um nicht als Wasserdieb ertappt zu werden. Die Frau sah ihn jedoch und drohte ihm mit den Worten: »Liege, du sollt mir halten oder soll schad sein, daß ich die schwarze Augen im Kopf habe«.[213] Tage später schwollen Vesch unter Schmerzen beide Beine an, worin er einen klaren Fall von angedrohtem und eingetretenem Schadenzauber erblickte, zumal er »keine natürliche Ursach derselben Krankheit verspüret«. Mit der Zaubereibeschuldigung durch Frau Ningel von 1627, die sich ein Verhältnis bei dem relativ vorgerückten Alter der Frau Jung wohl nur noch als Zauberei erklären kann, eskaliert das Gerücht dann endgültig, denn alle Verdächtigungen der beiden ersten Zeugen und noch drei weiterer Zeugen beziehen sich auf Vorgänge ab 1627. Wenn übrigens die Aussage über die Drohworte zutreffend ist, wäre es durchaus denkbar, daß Frau Jung die ihr von der Dorfgemeinschaft zugeschriebene Rolle angenommen hat und ihren Ruf als Zauberin dazu benutzt, sich Respekt zu verschaffen – gemäß der Formel: Wenn sie mich schon hassen, sollen sie mich wenigstens fürchten. Nur bleibt diese Möglichkeit unüberprüfbar, denn nach ihrer Verhaftung hat Frau Jung im Verhör die Behauptung des Zeugen Vesch energisch bestritten; nach ihrer Schilderung war es allein der ertappte Wasserdieb, der »unnütze« Worte machte.

Die Jahre 1613 (Beginn des Gerüchts), 1619 (Jost Vesch), 1627 (Frau Ningel) sind für Barbara Jung Markierungen auf dem Weg zur Hinrichtung. Aber läßt sich dieser Weg einer nicht integrierten Fremden noch in ein größeres Bezugsfeld einordnen, so ist dies in zahlreichen anderen Fällen nicht möglich. Sind einigermaßen ausführliche Akten erhalten, tritt aus ihnen ein Haß zutage, den Friedrich von Spee 1631 in seinem Buch eindrucksvoll beschrieben hat: Das Hauptindiz im Hexenprozeß, das Gerücht, beruht auf Streit und Mißgunst, auf der Bereitschaft zu mörderischen Beschuldigungen.[214] So hat es beispielsweise nur wenigen nassauischen Hexenprozessen an Zeugen gemangelt, die es kaum abwarten konnten, die Beschuldigten umgebracht zu sehen, wobei sich männliche und weibliche Zeugen nichts nachstehen. Über die Ventilfunktion für jede Art von Druck hinaus boten die Prozesse auch noch eine glänzende Gelegenheit, alte Rechnungen zu begleichen oder mißliebige Mitmenschen aus dem Weg zu räumen.

Als Beispiel für diese Art von Prozeßauslösung kann das Verfahren gegen Anna, Frau von Matthias Scherer aus Breitscheid/Amt Herborn dienen, die im Februar 1631 dem Haß ihrer Stieftochter zum Opfer fiel.[215] Jahrelang hat die Tochter ihren Vater aufgehetzt und ihm eingeredet, seine zweite Frau hätte ihm mit einer Milchsuppe eine Krankheit angezaubert. Bevor Scherer starb, hatte die Tochter ihn dahin gebracht, vor Zeugen die entsprechende Beschuldigung zu erheben – ein gewichtiges Indiz neben dem »gemeinen Geschrei«, für dessen Ausbreitung seine Tochter längst gesorgt hatte. Beispiele dieser Art ließen sich mehren, doch sei nur noch ein extremer Fall erwähnt, der zugleich ein weiteres Merkmal dieser Beschuldigungen erkennen läßt. Im Prozeß gegen Ottilie Kneip aus Hirschberg/Amt Herborn, Ende 1629, kommt ein Vorfall zur Sprache, wie er sich alltäglicher kaum denken läßt: Eine Mutter schimpft mit ihrer Tochter.[216] Das Besondere für den heutigen Leser besteht darin, daß sie das Mädchen eine Zauberin schilt. Die Tochter, nicht auf den Mund gefallen, gibt prompt zurück: »ey dann habt ihr mich solches auch gelehret«. Der Wortwechsel wurde zu einem jener Indizien, die der nunmehr erwachsenen Frau Kneip das Leben kosteten.

Verblüffend bei all diesen Fällen ist, wie unglaublich schnell man sich der Zauberei beschuldigt, selbst in Situationen, in denen das eigentlich allen Beteiligten als lebensgefährlich bewußt gewesen sein muß, etwa auf dem Höhepunkt einer Prozeßwelle. Die Akten machen es einem schwer, die Beschuldigungen wohlwollend durch Leichtfertigkeit interpretieren zu wollen. Die Aussagen enthüllen nicht nur ein Haßpotential von erschreckendem Ausmaß in Familien- und Nachbarschaftskonflikten, sondern auch seine Entladung im Willen zur physischen Vernichtung. Haßerfüllte Zeugenaussagen bekunden dies ebenso wie manche Geständnisprotokolle hinsichtlich der Besagungen, wenn nämlich eine Angeklagte eine oder mehrere bestimmte Personen unbedingt mit in den Tod reißen will. Den Gerichten ist diese Möglichkeit auch oft bewußt gewesen, und sie haben sich dagegen abzusichern versucht.

Zur Erklärung des Phänomens Hexenprozesse insgesamt reicht der Hinweis auf dieses Haßpotential selbstverständlich nicht aus. Auch würde eine Erklärung etwa mit Veränderungen in der ländlichen Sozialstruktur durch diese Erkenntnis nicht beeinträchtigt. Es geht darum, die mehr individuellen Konflikte überhaupt zur Kenntnis zu nehmen. Sie erklären die Hexenprozesse zwar nicht, spielen aber bei ihrer Durchführung eine Rolle, die nicht übersehen werden darf.

IV. Erklärungsversuche

1. Archaische Kulte

Von den Ketzerverfolgungen des Mittelalters und der frühen Neuzeit wurden Personengruppen betroffen, die zumindest unter anderem religiöse Abweichler in bezug auf die jeweils Verfolgenden waren: Lutheraner in bezug auf Katholiken, Wiedertäufer in bezug auf Lutheraner und Katholiken usw. Es handelte sich jedenfalls bis auf eine Ausnahme um echte Abweichler. Bestes Beispiel ist diejenige Gruppe, von deren Namen das Wort »Ketzer« abgeleitet worden ist: die Katharer, die Reinen. Diese wohl größte häretische Bewegung des Mittelalters mit ihrer festen Dogmatik und einem weitverzweigten Kirchenwesen war eine machtvolle Organisation und ebensowenig ein Phantasieprodukt wie in der frühen Neuzeit etwa die Wiedertäufer. Die Ausnahme bildet die »Hexensekte«. Obgleich ihrer Verfolgung sicher nicht weniger Menschen zum Opfer gefallen sind als anderen großen Ketzerverfolgungen, existierte sie nur in der Phantasie. Wenn Hexen vor Gericht standen, dann ging es, mit F. Byloff zu sprechen, um »ein fiktives, nur in der Einbildung des Richters bestehendes Delikt«.[217] Anders ausgedrückt: Hexenprozesse waren Strafverfahren ohne Straftat.

Diese Behauptung ist nicht unumstritten. F. Merzbacher etwa vermag der These, Hexenprozesse seien Strafverfahren ohne Straftat, »ganz gewiß nicht zu folgen, zumal eine Reihe begangener Delikte (z. B. maleficium, veneficium, abjuratio Dei, sodomia) durchaus unter dem Generaltatbestand des crimen magiae zusammengefaßt werden kann. Der Teufelspakt bildete bekanntlich nur ein Tatbestandsmerkmal von mehreren«.[218] Die Hexenprozeßakten aus den deutschen Territorien machen aber nicht eben wahrscheinlich, daß sich die Opfer mit Abschwörung Gottes oder Sodomie beschäftigt haben. Indes, viel weitgehender ist die Auffassung von der Realität der Hexensekte, die inzwischen in der Literatur zahlreiche Anhänger gefunden hat. Die Annahme einer wirklichen Organisation, die in weiten Teilen Europas verbreitet war und von kirchlichen wie weltlichen Instanzen strafrechtlich verfolgt wurde, kann als unmittelbarster Versuch gelten, Hexenprozesse zu erklären. Selbstverständlich wird dabei nicht von dämonologischen Vorstellungen als Realität ausgegangen, sondern von dämonologisch uminterpretierten Religionsformen.

Abgesehen von älteren, wenig erfolgreichen Ansätzen dieser Art ist hier in erster Linie das 1921 erschienene Buch »The Witch-Cult in Western Europe« zu nennen, in dem Margaret Alice Murray den »Hexenkult« als alte vorchristliche Religion in Westeuropa nachzuweisen versucht.[219] Ausgehend vom »Canon Episcopi« und einigen anderen Quellen, die von einer fortlebenden Verehrung der Göttin Diana sprechen, wird ein Fruchtbarkeitskult rekonstruiert, der von den christlichen Gegnern wie alle heidnischen Kulte ins Dämonische umgesetzt worden sein soll. Da die Gottheit, die je nach Land und Zeit in Gestalt einer Frau, eines Mannes oder eines Tieres auftreten kann, vorwiegend den Namen Diana führt, entscheidet sich M. A. Murray für diese Bezeichnung: »The feminine form of the name, Diana, is found throughout Western Europe as the name of the female deity or leader of the so-called Witches, and it is for this reason that I have called this ancient religion the Dianic cult«.[220] Diesem Kult, der vom Christentum zwar in den Untergrund gedrängt, aber nicht beseitigt wurde, geht die Untersuchung in allen Einzelheiten nach, von der Aufnahmezeremonie über die Versammlungen, die Riten, die Organisation bis zu den besonders in England geläufigen »Hausgeistern«.

Einige Einzelheiten seien herausgegriffen. Bei der Aufnahme in die Kultgemeinschaft, die entweder aus freien Stücken oder, bei Kindern, durch Übergabe seitens der Eltern erfolgte, erhielten die neuen Mitglieder ein unverkennbares, wenn auch winziges Zeichen an ihrem Körper.[221] Die Gerichte suchten also aus gutem Grund nach diesem Zeichen, wenn sie es auch gemäß ihrer dämonologischen Uminterpretation als »Teufelsstigma« bezeichneten. Da es sich um einen Fertilitätskult handelte, wurde, wie bei allen derartigen Kulten, im Aufnahmezeremoniell und in den großen Versammlungen die »Sacred Marriage« vollzogen, eine meist symbolische, artifizielle Geschlechtsverbindung mit der Gottheit – daher die vielen übereinstimmenden Aussagen über den Teufelspakt in Form einer Eheschließung, daher auch die einheitliche Beschreibung der physischen Kälte beim Verkehr mit dem Teufel.[222] Im übrigen entsprach die Kultausübung in den Versammlungen mit Huldigung, Tanz, Musik, Mahl, Opfer usw., so verschieden die Einzelheiten je nach Land und Zeit auch waren, den

Berichten über die Teufelstänze, die Hexensabbate, nur eben immer in dämonologischer Verdrehung.

Die Methode des Buches dürfte damit klar sein. Die meisten Erklärungsversuche vom 18. Jahrhundert bis heute gehen von der Hexenlehre als einem Kunstprodukt aus, das, aus verschiedenen Elementen bis zum 15. Jahrhundert entwickelt, der Bevölkerung in Deutschland erst allmählich vermittelt wurde, wenn auch im Anschluß an traditionelle Vorstellungen: »Die Naturvölker Europas kannten – wie andere Naturvölker auch – Zauber und Hexerei, und die Vorstellung der Nachtfahrt ›mit Diana oder Herodias‹ lebte bis in die frühen Jahrhunderte des Christentums fort. Die wesentlichen Bestandteile der neuen Dämonenlehre aber – der Teufelspakt, der Hexensabbat, der geschlechtliche Verkehr mit Dämonen und so weiter – sowie der hierarchische Aufbau des Reichs des Teufels sind eigenständige Erfindungen des späteren Mittelalters«.[223] Die übereinstimmenden Geständnisse, ob nun mit oder ohne Anwendung der Folter zustande gekommen, sind dann zum größten Teil nichts weiter als der Widerhall der durchgesetzten Hexenlehre. M.A. Murray hingegen nimmt die Hexenlehre und die entsprechenden Aussagen der Angeklagten als Realität. Ihre Quellen sind zeitgenössische Hexenschriften, allen voran die französischen Arbeiten von Jean Bodin, Henri Boguet (ca. 1550–1619) und Pierre de Lancre (1553–1631), zuzüglich ausgewählter Geständnisse, wobei Aussagen von Kindern uneingeschränkt Verwertung finden.

Angesichts der Hexenprozesse in Deutschland schlägt M.A. Murrays Ansatz, den Angeklagten zu glauben, was sie sagen, ins Gegenteil um, denn die Angeklagten beteuern meist ihre Unschuld, bis die Folter oder deren Androhung das Geständnis hervorbringen. Es gibt keinerlei Anhaltspunkte dafür, daß westfälische, nassauische oder kurtrierische Kleinbäuerinnen und Mägde einem außerchristlichen Kult gehuldigt und einer entsprechenden Organisation angehört hätten. Man müßte nicht den Angeklagten, sondern den Dämonologen glauben, um M.A. Murrays Ansichten teilen zu können.

Bleibt also festzuhalten, daß dieser Erklärungsversuch zumindest eine unzulässige Verallgemeinerung darstellt. Das Fortleben antiker Kultformen und ihre schließliche Verfolgung mittels Hexenprozessen ist ja grundsätzlich nicht auszuschließen: Ginzburg hat einen solchen Vorgang in einem bestimmten Gebiet überzeugend dargestellt – darüber gleich Näheres. Es könnte gut sein, daß ähnliches in anderen

Gegenden Europas zu finden ist. Aber unabhängig davon, ob und wo M.A. Murray vielleicht auf derartige Kultformen gestoßen ist, geht es auf keinen Fall, von solchen regionalen Erscheinungen auf die Hexenprozesse schlechthin zu schließen und diese als Verfolgung einer riesigen, durch Jahrhunderte im geheimen blühenden außerchristlichen Religion zu interpretieren.

Später ist M.A. Murray von dem hier umrissenen Ansatz aus zu einer noch viel globaleren These gelangt, derzufolge im Hexenkult ein gehörnter Gott steinzeitlichen Ursprungs weiterlebte.[224] Publikationen in der Nachfolge dieser Thematik sind zwar inzwischen zahlreich, aber teilweise nicht mehr ernst zu nehmen, so das Buch von Gerald B. Gardner, für das M.A. Murray gleichwohl ein empfehlendes Vorwort schrieb.[225] G.B. Gardner war sich noch nicht schlüssig, ob der Kult der sogenannten »Hexen« unmittelbar aus der nordeuropäischen Steinzeit oder aus dem alten Ägypten stammt, aber jedenfalls hatte er ihn als lebendes Forschungsobjekt vor Augen.[226] Er wurde Mitglied einer Gruppe englischer »Hexen«, die ihn an ihren Ritualen teilnehmen ließen. Zwar mußte er zuvor den »üblichen Eid des Stillschweigens« ablegen, doch hinderte ihn dieser Eid zum Glück nicht daran, seinen Lesern gewichtige Einzelheiten mitzuteilen. So gingen die »Hexen« nackt zu ihren Versammlungen, um bei einer Razzia der Polizei keine identifizierenden Kleidungsstücke zu hinterlassen. »Auch erschweren die schlüpfrigen, eingeölten Körper die Festnahme«.[227] Einleuchtend!

Die Veröffentlichung von M.A. Murrays erstem Buch 1921 blieb übrigens ohne große Resonanz. Aufsehen erregte erst die zweite Auflage von 1962, für die Sir Steven Runciman sein internationales Ansehen als Mediävist einsetzte. In einem emphatischen Vorwort hat der Verfasser der »Geschichte der Kreuzzüge« und der »Eroberung von Konstantinopel« beklagt, in welchem Ausmaß das Thema Hexenprozesse in die Hände literarischer Obskuranten mit einem Hang für »keltisches Zwielicht« geraten sei.[228] Vor solchem Hintergrund wirkt M.A. Murrays Buch natürlich gut. Warum Runciman aber von der Idee begeistert war, »that the witch-cult was a survival of a pre-Christian religion in Western Europe, a fertility-cult which she called Dianic and which first may have been developed in Egypt«, das ist eine offene Frage – eigene Forschungen zu Hexenprozessen haben ihn jedenfalls nicht dazu geführt.[229] Dieser Vorgang ist deshalb bemerkenswert, weil er sich ein paar Jahre später in der Bundesrepublik in anderem Zusammenhang wiederholt hat.

Annemarie und Werner Leibbrand fanden die Murray-These auch für Deutschland derartig überzeugend, daß sie 1967 eine »Vorläufige Revision des historischen Hexenbegriffes« für nötig hielten.[230] Eigenes Studium des für Deutschland reichlich vorhandenen Aktenmaterials ist in ihren Arbeiten nicht erkennbar. M.A. Murrays Ansichten werden schlicht referiert und zwar als »moderne Ergebnisse« der Forschung schlechthin.[231] Nach Meinung der Verfasser gab es bislang zwei Erklärungsversuche für Hexenprozesse, beide falsch. Die scholastische Erklärung des Mittelalters und der frühen Neuzeit ging mit ihren dämonologischen Verdrehungen natürlich am Kern der Sache vorbei, obgleich beispielsweise ein Mann wie Jean Bodin der Wirklichkeit immer noch näher kam als jene »rationalistische Sicht«, die seit dem 18. Jahrhundert die Köpfe beherrschte, und die den Zugang zum Wesen der Hexenprozesse verhinderte. »Was wir der anthropologischen Methode von Murray verdanken, ist die Sicht in ein dem mittelalterlichen Hexenbegriff zugrunde liegendes Phänomen. Es ist weder scholastisch, das bedeutet wissenschaftlich in der Zeitsprache zwischen dem 13. und 17. Jahrhundert, noch rationalistisch aufklärerisch zu fassen. Es zeigt sich dagegen die Realität eines wie auch immer historisch ableitbaren Fertilitätskultes mit magischen Riten, die real praktiziert wurden, die vor allem der Frau oblagen und dessen Soziologie viele Fragen offenläßt«.[232] Nach all dem ist es nicht mehr verwunderlich, die Verfasser auf den Spuren G.B. Gardners zur Königin der Hexen von England pilgern zu sehen, um von ihr zu den Zeremonien zugelassen zu werden, die also in Mittelalter und früher Neuzeit in ganz Europa von tausenden und abertausenden von Frauen praktiziert wurden. Das steht nun am Ende jener »phänomenalen Betrachtung, die jedenfalls der Aufklärung nicht recht gibt, die aber den Autoren wie J. Bodin und P. De Lancre neben anderen wie Heinrich Boguet mehr faktischen Glauben schenken kann; sie waren einer heimlichen, aussterbenden Fruchtbarkeitsreligion auf der Spur, die mit Magie verknüpft, die alten kabbalistischen Symbolreste bis auf den heutigen Tag gerettet hat«.[233] Ob Steinzeit oder Ägypten – die Kabbala fehlte noch!

Ein quellenmäßig fundiertes Beispiel für die Uminterpretation agrarischer Kultelemente heidnischen Ursprungs zur diabolischen Hexerei hat Carlo Ginzburg vorgelegt.[234] In der Zeit zwischen dem späten 16. und der Mitte des 17. Jahrhunderts ist in Friuli der Brauch der »Gut-Geher«, der »benandanti«, von der Justiz als Hexerei verfolgt und unterdrückt worden. Eine bestimmte Personengruppe vollzog zu bestimmten Zeiten des Jahres einen symbolischen Abwehrkampf gegen feindliche Mächte zum Schutz der Ernte. Dieser »Auszug« zum Schutz der Feldfrüchte verwandelte sich vor dem geistlichen Gericht in Udine in sein Gegenteil: Die benandanti sollen den Hexensabbat besucht und mit Unwettermachen und anderm Schadenzauber die Felder verwüstet haben.

Daß Brauchtum heidnischen Ursprungs, ob nun als umfassender Kult zu bezeichnen oder nicht, von Hexenprozessen erfaßt und verfolgt wurde, dürfte lokal oder regional öfter nachweisbar sein. Die Gefahr besteht in allzu weitreichenden Verallgemeinerungen, wie sie außer bei den oben genannten Autoren auch bei manchen Religionswissenschaftlern und Volkskundlern anzutreffen sind. Stellvertretend für viele seien jetzt nur noch die Überlegungen des Volkskundlers Will-Erich Peuckert erwähnt, der ebenfalls das Hexenwesen als umgestalteten Vegetationskult intepretiert. Ihm zufolge waren es »in einem sexuellen Glühen brennende Weiberschwärme«, deren orgiastisches Treiben unter den Händen der Scholastik zur Lehre von der Teufelsbuhlschaft wurde: »Buhlschaftliches wäre von den mittelalterlichen Theologen zu einem Teuflischen, zu der Teufelsbuhlschaft umgedeutet worden«.[235] Dies ist eine jener Thesen zur Erklärung von Hexenprozessen in Deutschland – oder ganz Europa –, die ebenso zahlreich sind wie ihre Beweise spärlich.

2. Sozialdisziplinierung

In einer ihrer Bittschriften aus den 50er Jahren des 17. Jahrhunderts, in denen die Zunftmeister der Stadt Siegen ihren dringenden Wunsch nach Hexenprozessen zum Ausdruck brachten, haben sie einmal auf besondere Weise beschrieben, wie ungeheuer sich das Zauberlaster vermehrt hätte: »Dieses nun und die ohnachtsambe Verachtung und Geringschätzigkeit dieser Sünden und daß schier das Zaubern und dessen prima elementa – also Teufelsbeschwörungen und verbotene Segnereyen an Menschen und Viehe, das zauberische Milchnehmen von dem Vieh, eine harte und feste Haut zu machen, Büchsen und Rohre zutun, Reuter ins Feld zaubern, freye Schüsse zu haben und was dessen zauberische Ding viel mehr und unzählbar in Schwang gehet

– vor eine hohe Kunst, wovor bald niemand seyn Kinder und Gesinde verwahren und sicher behalten kann, geachtet werden will«.[236]

Daß hier bestimmte Elemente des Volksbrauchtums ganz selbstverständlich unter die »prima elementa«, die Anfänge der Zauberei gezählt werden, gibt eine bestimmte Tendenz der Hexenverfolgung wieder. Nicht auf einen archaischen Kult zielten die Hexenmandate und Prozeßordnungen, aber sie bezogen die hier angesprochenen und noch viele ähnliche Elemente des Volksbrauchtums ein, in denen durchaus pagane Überlieferung enthalten sein konnte. Die Bekämpfung dessen, was die Kirche als »superstitiones«, als abergläubische Praktiken bezeichnete, hatte eine lange Geschichte.[237] Die Glaubensspaltung und die folgende Zeit der konfessionellen Abgrenzung und Auseinandersetzung verstärkten diesen Kampf gegen den Aberglauben bei allen Konfessionen. Aber erst durch die Verknüpfung mit der diabolischen Hexenlehre und die Aufnahme entsprechender Bestimmungen in die Hexenmandate und Prozeßordnungen gerieten diese Bestandteile des Brauchtums in die tödliche Verfolgung. Der einschlägige Abschnitt in der Trierer Ordnung von 1591 kann dafür als Beispiel dienen: »dieweil auß fürgelauffenen processen man die nachrichtung hat, daß sich etliche in unserm Erzstift des superstitiöß warsagens gebrauchen, auch sonsten mit verbottenen Characteren, messen und unzulessigen Segen umbgehen, dahero allerhandt gefärliche superstitiones herfliessen, dardurch dem Erbfeindt seinem verfluchten samen vortzupflanzen die Thür eröffnet wird . . .«.[238]

Segensprecherei, Wahrsagerei und ähnliches unter das gemeinsame Dach des volkstümlichen Aberglaubens rücken zu wollen, ist in der neueren Forschung zu Hexenprozessen energisch abgewehrt worden und zwar einmal zugunsten der »weisen Frau«. In diesem Zusammenhang sei auf den Aufsatz von R.A. Horsley verwiesen, der die im Titel gestellte Frage: »Who Were the Witches?« mit der Feststellung beantwortet: »wise women«.[239] Gemeint sind die Träger der Heilkunde in ländlichen Gesellschaften, und diese sollen von alters her Frauen gewesen sein, die nun in die Hexenprozesse verwickelt wurden: »Hexen lebten und wurden verbrannt, lange bevor die moderne medizinische Technologie entstand. Sie waren in der Mehrzahl Heilpraktikerinnen, die dem Bauernvolk halfen; ihre Unterdrückung war einer der ersten Kämpfe in der langen Geschichte männlicher Unterdrückung heilkundiger Frauen. Die andere Seite bei der Unterdrückung der Hexen als Heilpraktikerinnen war die Schaffung eines neuen männlichen Ärztestands unter der Schutz- und Schirmherrschaft der herrschenden Klasse. Diese neue europäische Ärzteschaft spielte eine wichtige Rolle bei den Hexenjagden und stand den Hexenjägern mit medizinischen Fachurteilen zur Seite«.[240]

Solche und ähnliche Ausführungen finden sich reichlich. Schon 1862 war für Jules Michelet die Hexe »der einzige Arzt des Volkes«, und gut hundert Jahre später hat Thomas S. Szasz sogar die »historischen Beweise«, daß die Hexe speziell eine Psychotherapeutin war – die böse Rolle »wurde den Hexen von Psychiatriehistorikern aufgezwungen«.[241] Den historischen Kern dieser unbewiesenen Behauptungen bildet das erwähnte Vorgehen gegen die Segnerei und dergleichen, was in der Tat dazu geführt hat, daß in etlichen Hexenprozessen solche Praktiken erfaßt worden sind – aber eben nur teilweise. Die heilkundlichen Maßnahmen reduzieren sich dabei nahezu völlig auf Beschwörungsformeln wie etwa zum Schutz der Schafe gegen Wölfe oder gegen Zahnschmerzen und andere Krankheiten – Sprüchlein, die den Wölfen nicht geschadet und den Menschen nicht genützt haben.[242] Aus dem nassauischen Gebiet berichten darüber die Aufzeichnungen des Idsteiner Oberschultheiß Sebastian Post, der 1649 an einer Landesvisitation der Grafschaft Nassau-Idstein teilnahm und einen Bericht zu diesem Thema schrieb: Frisches Wasser, am Karfreitag getrunken, schützt das Jahr über gegen Zahnschmerzen; Glockenschmiere, in der Sylvesternacht vom Kirchturm geholt und mit Fett vermischt, heilt bei Mensch und Vieh sämtliche Wunden; Eisenkraut, im Juli vor Sonnenaufgang gesammelt, hilft gegen Kopfweh; Bestreichen mit Maitau vor Sonnenaufgang bekämpft den Grind usw.[243]

In der Kriminalisierung dieser Praktiken durch die scholastische Lehre vom stillschweigenden Teufelspakt (pactum tacitum et implicitum) als ihrer unumgänglichen Begleiterscheinung hat H. Zwetsloot einen gewissen Beitrag zur Erklärung der Hexenprozesse sehen wollen.[244] Im Gegensatz zu dieser vorsichtigen Formulierung leiden andere Arbeiten ähnlich wie einige Beiträge zur Erklärung durch antike Kulte an unzulässigen Verallgemeinerungen. Wenn R. A. Horsley unter den Fällen, die vornehmlich aus Prozessen der Alpenregion zwischen 1450 und 1550 ermittelt wurden, eine Anzahl von »weisen Frauen« nachweist, berechtigt dies Ergebnis nicht zur Generalisierung, zu einer Aussage über die Hexenprozesse schlechthin. Erst recht unhaltbar sind so lapidare Äußerungen wie jene, die Hexenprozesse seien »die Unterdrückung der Heilpraktikerinnen durch das ärztliche Establishment« – ohne jeden Beleg.[245] Im Verhältnis zu Juristen und Theologen treten Mediziner bei Hexenprozessen nur wenig in Erscheinung und dann meist in Fällen, in denen der Tod einer Angeklagten in der Haft erfolgt ist, also in einem Augenblick, in dem das Verfahren nicht mehr beeinflußt werden kann.[246] Im übrigen steht eine Untersuchung über die medizinischen Stellungnahmen in Hexenprozessen einschließlich der Gutachten der Medizinischen Fakultäten noch aus.

Eine Sonderstellung unter den Opfern haben bekanntlich Hebammen, eine Tatsache, die am meisten dazu herangezogen worden ist, die These von der Verfolgung »weiser Frauen« zu stützen.[247] Unzweifelhaft sahen die gelehrten Verfechter der Hexenlehre in Hebammen besondere Gefahren; die Aussage: »Niemand schadet dem katholischen Glauben mehr als die Hebammen« dürfte der meistzitierte Satz des Hexenhammers sein.[248] Trotzdem muß an zwei Tatsachen erinnert sein, die im Zusammenhang mit dieser Erscheinung nur selten zur Sprache kommen. Erstens sind Hebammen unter den Opfern von Hexenprozessen zwar eine eindeutig überrepräsentierte Gruppe, im ganzen aber bilden sie nichtsdestoweniger nur eine kleine Minderheit. Sodann lassen die Prozeßakten eine Sonderstellung der Hebammen in einer Hinsicht erkennen, die mit der Hexenlehre nur indirekt, mit der Konkurrenz männlicher Ärzte aber rein gar nichts zu tun hat: Hebammen haben die zuverlässigsten Feinde in den Gemeinden. Genauer gesagt sind es Feindinnen, nämlich jene Patientinnen, bei deren Niederkunft ein Mißgeschick geschehen ist, ohne daß die betroffenen Frauen bereit sind, dieses Mißgeschick als höhere Gewalt anzuerkennen. In solchen Fällen bietet die Hebamme das nächstliegende Ziel für eine personifizierte Schuldzuschreibung: Die unglücklich verlaufene Niederkunft wird ihr nicht als Kunstfehler oder Fahrlässigkeit, sondern als böse Absicht angelastet.[249] Eine zusätzliche Beeinflussung durch die Hexenlehre ist dabei natürlich in der Form möglich, daß etwa durch eine entsprechende Predigt oder durch Mundpropaganda die Hebamme schon vorbelastet sein kann.

Über die These einer Verfolgung »weiser Frauen« weit hinausgehend sind Hexenprozesse als Instrument der Zerstörung einer ländlichen Volkskultur, als Instrument einer umfassenden Sozialdisziplinierung im Sinne von absolutistischer Herrschaft und militantem Konfessionalismus interpretiert worden. Als exemplarisch für diesen Forschungsansatz kann die Arbeit von Robert Muchembled »Culture populaire et culture des élites« gelten.[250] Am Beispiel Frankreich zeigt R. Muchembled im Spätmittelalter und zu Beginn der frühen Neuzeit eine ländliche und zum Teil auch städtische Bevölkerung, deren alltägliches Leben noch weitgehend von den gesellschaftlichen Untergruppierungen Familie, Korporation, Gemeinde usw. bestimmt ist sowie von einer Kultur, die unter der christlichen Oberfläche in polytheistischer Weise die Welt mit allen möglichen Kräften bevölkert sieht. Etwa seit der Mitte des 16. Jahrhunderts ziehen die auf Zentralismus und Absolutismus drängende Staatsgewalt und die von der Glaubensspaltung bedrohte Kirche gegen diesen Zustand zu Felde: »Pour réaliser la soumission des âmes et des corps, pour acculturer les campagnes, il fallait refouler les croyances et les pratiques magiques«.[251] Die Seele der Kirche, der Körper dem König! Die Hexenprozesse waren das Ergebnis der brutalsten Etappe dieses langen Kampfes, an dessen Ende die Menschen geformt sind im Sinne des modernen Staates: angepaßt, manipuliert und vereinnahmt von den verschiedensten Mächten und Institutionen. Dies alles ist schließlich zu sehen vor dem Hintergrund des langfristigen Wandels vom Feudalismus zum Kapitalismus.

Dieser Prozeß der Sozialdisziplinierung ist hier natürlich nur kurz umrissen; es wären noch viele Einzelheiten zu nennen, wobei nur an die verstärkte Sexualunterdrückung erinnert sei, die nach J.-L. Flandrin in Frankreich ebenfalls um die Mitte des 16. Jahrhunderts einsetzt.[252] Der Forschungsansatz dürfte trotz der Kürze klar geworden sein. Was kann er für die Erklärung der Hexenprozesse in Deutschland leisten? Daß für die deutschen Verhältnisse das eine Königreich durch die vielen Territorien und die eine Kirche durch verschiedene Kirchen ersetzt werden müssen, ändert nichts an der Wirksamkeit von Absolutismus und Konfessionalismus hier wie dort in der Zeit der Hexenprozesse. Nur wird in R. Muchembleds Darstellung ein planmäßiges, um nicht zu sagen generalstabsmäßiges Vorgehen sichtbar, das bei Hexenprozessen in deutschen Territorien nicht häufig anzutreffen ist. Wie noch zu zeigen sein wird, hat es zwar Landesherren gegeben, die in gegenreformatorischem Eifer gegen alle Ketzer und damit auch gegen »Hexen« ihren Justizapparat einsetzten, aber sie waren nicht die Regel.

Hier ist noch einmal an einen Tatbestand zu erinnern, den Moriz Ritter schon 1895 beschrieben hat: »Dies letztere, nämlich der Drang einer erregten Bevölkerung, war es, was vorzugsweise den unmittelbaren Anstoß zu den Massenprozessen gab«.[253] Zumindest für einen großen Teil der Hexenprozesse in Deutschland kam die Initiative nicht von »oben«, sondern von »unten«. Man macht es sich zu leicht, wenn man auf die vorhergegangene Durchsetzung der Hexenlehre verweist und die Prozeßwünsche aus der Bevölkerung als Reaktionen auf diesen obrigkeitlichen Einfluß interpretiert. K. Thomas hat darauf aufmerksam gemacht, daß kaum eine Hexereianklage erhoben wurde, wenn die Schuldigen nicht genau bekannt waren.[254] Das gilt auch für Deutschland. Tatsächlich haben die Gemeinden die Opfer ihrer Prozeßwünsche in der Regel schon bereit, wenn sie ihre Bittschriften einreichen. Die Prozesse richten sich gegen Bezugspersonen, d. h. gegen Menschen, die zuvor in den Gemeinden als Zauberinnen abgestempelt worden sind. Friedrich von Spee beschreibt diesen Vorgang als Schrei nach Hexenprozessen gegen Menschen, die man »doch nur mit der eigenen Zunge geschaffen hat«.[255] Diese Bezugspersonen als »Abweichler« zu bezeichnen ist solange nicht empfehlenswert, wie man gar nicht weiß, wovon sie eigentlich abweichen. Daß in den Prozessen gelegentlich Ehebrüche mit erfaßt werden, sagt so viel und so wenig wie die gelegentliche Erfassung von Segnerei.[256] Auch würde damit eine Blickverengung eintreten, die andere Möglichkeiten ausschlösse, z. B. die Möglichkeit, in den Bezugspersonen die Angehörigen einer rasch wachsenden unterbäuerlichen Schicht zu sehen, die den bäuerlichen Gemeinden als Bedrohung erscheinen. Nur soviel kann gesagt sein: Hexenprozesse sind grundsätzlich als Instrument der Sozialdisziplinierung verwendbar, aber ob und wie sie im Alten Reich dazu verwendet wurden, ist nicht bekannt.

3. *Instrument der Glaubenskämpfe*

Da die Hexensekte als eine Gruppierung von Ketzern angesehen wurde, lag es schon vom Delikt her nahe, sie mit anderen Ketzereien in Verbindung zu bringen. So haben bereits Verfechter der Hexenlehre späterer Forschung den Weg gewiesen, die Prozesse als Mittel der Konfessionskämpfe zu betrachten, indem etwa M. Delrio schrieb: »Die Teufel haben in den Ketzern wie einst in den Götzenbildern ihre Wohnstätten; aus den Götzenbildern sind sie vertrieben worden, so haben sie sich in den Ketzern neue Wohnungen gesucht; auch die Teufel, die Christus austrieb, fuhren in die Schweine. Wie die Pest der

Hungersnot folgt, so folgt die Hexerei der Ketzerei«.[257] Da außerdem in bestimmten deutschen Territorien Gegenreformation und Hexenprozesse zeitlich zusammenfielen, setzte sich die Behauptung, Hexenprozesse seien ein Instrument der Glaubenskämpfe, in der Literatur fest. Von W.G. Soldans Äußerung, daß »die Ausrottung der Hexen mit der des Protestantismus Hand in Hand ging«, bis zu H. Trevor-Ropers Feststellung, von den Prozessen der 60er Jahre des 16. Jahrhunderts an »kann man fast jeden örtlich begrenzten Ausbruch von Hexenwahn auf die Aggression einer Religion gegen die andere zurückführen«, ist sie durchgehend nachweisbar.[258]

Im Gegensatz zur Häufigkeit dieser Behauptung fehlt es aber an detaillierter Beweisführung. Fand es niemand der Mühe wert, die Opfer etwa der Bamberger Hexenbrände auf ihre Konfession hin zu untersuchen? Oder lassen die Quellen dort wie anderswo eine solche Untersuchung gar nicht zu? Was hier für die breite Masse der Opfer zunächst als offene Frage stehen bleibt, soll in einem Fall aufgegriffen werden, wo die soziale Stellung des Opfers der Überlieferung seiner Biographie förderlich war. Der Trierer Stadtschultheiß und hohe Richter, Kurfürstlicher Rat, Professor und ehemaliger Rektor der Universität Trier Dr. jur. Dietrich Flade fiel am 18. Nov. 1589 einem Hexenprozeß zum Opfer. Der Forscher, der diese Prozeßakte nach langer Verschollenheit auffand, George Lincoln Burr, stellte die Frage, ob Flade nicht in Wirklichkeit als heimlicher Protestant getötet wurde.[259] E. Zenz hat dieser Vermutung mit guten Gründen widersprochen. Flade hatte sich bei der Bekämpfung des Reformationsversuchs durch Kaspar Olevian von 1559 hervorgetan, u. a. das Predigtverbot gegen Olevian ausgesprochen. Anschließend war er Mitglied jener Kommission, die der Kurfürst zur Unterdrückung der neuen Lehre eingesetzt hatte. Auch später deutet nichts darauf hin, daß er sich je von der katholischen Kirche abgewandt hätte. Dagegen spricht zuletzt noch sein Verhalten kurz vor der Hinrichtung. Im übrigen war bei bestätigtem Häresieverdacht die Landesverweisung das in Kurtrier praktizierte Verfahren, das auch gegen ihn zur Anwendung hätte kommen können.

Solche Einwendungen haben jedoch weder im Fall Flade noch bei den Kurtrierer Hexenprozessen dieser Zeit allgemein verhindert, daß die Prozesse mit der Gegenreformation in Verbindung gebracht wurden. So schreibt F. Heinz in seiner Dissertation von 1952 ohne jeden Nachweis: »Für Johann von Schönberg aber war er [der Hexenglaube] ein erwünschter Anlaß, gegen alle vorzugehen, die nur im Geruche standen, der neuen Lehre anzugehören«. In einer Arbeit zum gleichen Thema weist H. Molitor diese unbewiesene Behauptung zurück und nennt dagegen den Faktor, der nachweislich eine wichtige Rolle gespielt hat: die vorausgegangene Agrarkrise. H. Lehmann referiert 1978 beides – und entscheidet sich dann für F. Heinz![260] Stichproben in der Poznań-Sammlung bestätigen aber, was bei einiger Kenntnis von Originalakten ohnehin klar ist: Die Konfessionszugehörigkeit kann im Einzelfall nur selten sicher nachgewiesen werden. In der Regel kennt man die konfessionelle Einstellung des Landesherrn und das offizielle Kirchenwesen, mehr nicht. Wenn es aber zu Hexenprozessen in einem Territorium kommt, das seit Jahrzehnten einen gleichbleibenden Konfessionsstand aufweist, dann ist eine Verbindung mit konfessionellen Konflikten schwer einsehbar. Dies trifft zumindest für die Prozesse in der Zeit nach dem Westfälischen Frieden in einer ganzen Reihe von Territorien zu. Als beispielsweise in der Grafschaft Schaumburg-Lippe die Prozesse der 1650er Jahre begannen, blickte die dortige lutherische Landeskirche auf eine fast hundertjährige Tradition zurück, denn die obrigkeitliche Einführung der Reformation war 1559 erfolgt; außerdem lebten die Lutheraner ebenfalls schon seit mehreren Jahrzehnten mit ihrer kleinen calvinistischen Minderheit nachweislich in einem guten Verhältnis. Wollte man hier dennoch H. R. Trevor-Ropers Behauptung aufrecht erhalten, müßte man allen Ernstes unterstellen, es hätte Scharen heimlicher Katholiken im Lande gegeben – eine abwegige Idee.[261]

Der Nachweis physischer Ausrottung der durch den Augsburger Religionsfrieden oder den Westfälischen Frieden geschützten Konfessionsanhänger mit Hilfe von Hexenprozessen dürfte nur selten gelingen. Für die Grafschaft Nassau-Siegen sind ebenfalls keine solchen Vorgänge nachweisbar, wohl aber die Tatsache, daß in dieser Hinsicht von einigen Zeitgenossen etwas befürchtet wurde. Darin spiegelt sich die besondere konfessionelle Entwicklung eines Landes wider, das zeitweise unter zwei Brüdern aufgeteilt war, die sich als niederländisch-calvinistischer Oberst und als spanisch-katholischer Feldmarschall im Krieg gegenüberstanden.[262] Die mit harten Pressionen verbundenen Rekatholisierungsmaßnahmen in den 30er Jahren des 17. Jahrhunderts hatten auch die Stadt Siegen betroffen und viel böses Blut hinterlassen. Nach dem Tod des katholischen Grafen verzichtete zwar der calvinistische Bruder Johann Moritz auf jeden Versuch, einen abermaligen Konfessionswechsel der katholisch gewordenen Siegener Familien zu erzwingen, schloß auch mit dem Sohn und Nachfolger des Verstorbenen, Johann Franz, 1651 einen für beide Seiten annehmbaren Vergleich, aber das Mißtrauen blieb. Als deshalb die Siegener Zünfte 1652 auf die Durchführung von Hexenprozessen drängten, äußerte ein Berater des katholischen Grafen die Befürchtung, »daß man den Katholischen, obzwarn unschuldig sein mögen, hart zusetzen möge«; später schrieb er noch deutlicher: »Es ist sicher an der Calvinischer Seite zu keinem andern End angesehen, als durch dies Mittel die Katholische zu Siegen zu vertilgen und fortzupringen, derowegen in diesem Puncto behutsamlich verfahren werden muß«. Der Graf hat dann auch im Sommer 1653 den Verfahren unter Bedingungen zugestimmt, die eindeutig vom Bestreben diktiert waren, den Einsatz von Hexenprozessen zur Liquidierung seiner Konfessionsverwandten zu verhindern: Johann Franz verlangte ein nach Konfessionen völlig paritätisch besetztes Gericht vom Kommissar bis zum Protokollführer, dessen Posten entweder abwechselnd mit einem Reformierten und einem Katholiken oder immer doppelt besetzt werden sollte.[263] Er selbst ernannte zum Kommissar eben jenen Berater, der ihn auf die möglichen Gefahren dieser Prozesse aufmerksam gemacht hatte.

Vor einer näheren Beschäftigung mit dem Verhältnis der Konfessionen zu den Hexenprozessen muß kurz an einige Grundzüge der konfessionellen Entwicklung im Reich erinnert werden. Der mit Luthers Namen verbundenen Bewegung trat bekanntlich sehr bald eine in Lehre und Kirchenorganisation verschiedene reformatorische Bewegung an die Seite, die von der Schweiz ausging und zunächst mit Zwinglis Namen verknüpft war.[264] Mit Luther und seinen Anhängern geriet sie in einen Konflikt, der im Abendmahlsstreit seinen sichtbarsten Ausdruck fand und der in der Folgezeit zur Verfestigung zweier protestantischer Konfessionen geführt hat. Ihre grundlegende dogmatische Ausgestaltung erhielt die Lehre der »Reformierten«, wie sie sich selbst nannten, im Werk des Genfer Reformators Calvin. Deshalb setzte sich für die Reformierten später die Bezeichnung »Calvinisten« durch. In der zweiten Hälfte des 16. Jahrhunderts expandierte der Calvinismus in Europa kräftig und gewann außer im Reich in Frankreich, den Vereinigten Niederlanden, England, Schottland, Polen, Böhmen und Ungarn mehr oder weniger an Boden.

Von der Schweiz aus über Oberdeutschland und von den Niederlanden aus über das Niederrheingebiet drang die Bewegung ins Reichsgebiet ein, wobei sie in Anpassung an die speziellen deutschen Verhältnisse in Lehre und Kirchenorganisation Veränderungen in Kauf nehmen mußte. In der Kurpfalz erfolgte 1561 die erste obrigkeitliche Durchsetzung des Calvinismus in einem deutschen Territorium. In den folgenden Jahrzehnten schlossen sich eine Reihe kleinerer Reichsstände an wie Nassau, Anhalt, Bremen und Bentheim-Tecklenburg-Steinfurt. Der Versuch, den Calvinismus in Kursachsen durchzusetzen, scheiterte am frühen Tod seines Förderers, des Kurfürsten Christian I. (1586–1591), nachdem ein ähnliches Unterfangen des Kölner Kurfürsten Gebhard Truchseß v. Waldburg (1577–1583) schon vorher gewaltsam unterdrückt worden war. Zu Anfang des nächsten Jahrhunderts, 1605, wurden Hessen-Kassel und Lippe reformiert, Gottorp folgte 1609.

Betrachtet man vor diesem Hintergrund die Hexenprozesse in Deutschland, so ist ein grundsätzlicher Unterschied in der Haltung der Territorien nach Konfessionen nicht feststellbar. Im schon mehrfach erwähnten Raum zwischen mittlerer Weser und Mosel sind lutherische Territorien wie Schaumburg, Minden, Ravensberg, Waldeck ebenso beteiligt wie die reformierten nassauischen Grafschaften und die Grafschaft Lippe, während sich auf katholischer Seite die Herrschaft Büren, das Herzogtum Westfalen und Kurtrier hervortun. Ob ein relativer Unterschied, wie von Midelfort für den deutschen Südwesten festgestellt, auch für das Gesamtreich nachweisbar ist, kann derzeit nicht geklärt werden. Die Unkenntnis über die Praxis der Kurpfalz in Hexenprozesse ist für die Einschätzung der calvinistischen Territorien besonders bedauerlich.

Ebenfalls nicht geklärt ist diese Frage auf europäischer Ebene, z. B. bezüglich der Haltung der Puritaner gegenüber Hexenprozessen, obschon dies im Zusammenhang mit der Calvinismus-Kapitalismus-These Max Webers erhöhtes Interesse verdient – mit jener These, die eine Affinität zwischen protestantischer, speziell calvinistischer Ethik und dem Geist des Kapitalismus annimmt.[265] Wie immer aber die Rolle des Calvinismus im gesellschaftlichen Wandel der frühen Neuzeit einzuschätzen ist, Deutschland bleibt dafür ein Studierfeld von sehr eingeschränktem Wert. Die schon genannte Anpassung in Lehre und Kirchenordnung war so beträchtlich, daß man vielleicht besser von einer besonderen deutschen reformierten Bewegung als von Calvinismus sprechen sollte.[266] Dank der meist schon vorausgegangenen lutherischen Reformation erfolgte ihre Organisation mehrheitlich in Form der Landeskirche, und nur relativ selten kam es auf dem Wege über Exulanten zu ursprünglich calvinistischen Gemeindebildungen. Die Bestimmungen des Augsburger Religionsfriedens erzwangen dazu eine gewisse Offenheit gegenüber dem Luthertum. Nicht zuletzt aber ist die wechselseitige Beeinflussung und Umformung von Calvinismus und der an Philipp Melanchthon orientierten philippistischen Richtung zu beachten, wobei auch noch andere Strömungen eine Rolle spielten. Die Prädestinationslehre – für die Weber-These ein wichtiger Faktor – ist auf diese Weise in den Hintergrund gedrängt worden. Im übrigen hat die Frage nach der Trägergruppe des Calvinismus in Deutschland und ihren Motiven noch keine befriedigende Antwort gefunden.

Die grundsätzliche Übereinstimmung der Konfessionen im Kampf gegen die »Hexen« ist jenseits aller Unterschiede so wenig zu bestreiten wie die Tatsache, daß die Hexenlehre in allen Konfessionen nicht nur Verfechter, sondern auch Gegner hatte. Programmatische Äußerungen von Päpsten und Reformatoren bekunden diesen gemeinsamen Kampf ebenso wie die praktische Mithilfe von Geistlichen aller Bekenntnisse bei der Durchführung der Prozesse. Annehmbar erscheint ferner, daß ein allgemeines Klima der Ketzerverfolgung, wie es infolge der verschärften konfessionellen Auseinandersetzungen im letzten Viertel des 16. und in der ersten Hälfte des 17. Jahrhunderts zu verzeichnen ist, sicherlich auch die Verfolgung von »Hexen« als einer besonderen Art von Ketzern begünstigt hat. Schließlich läßt sich in manchen Territorien eine zeitliche Übereinstimmung zwischen gewaltsamer Rekatholisierung und Massenprozessen gegen Hexen beobachten.

Öfter jedoch wurden die Prozesse erst nach den eigentlichen gegenreformatorischen Maßnahmen geführt, in der Literatur als Sozialdisziplinierung im Sinne konfessioneller Absicherung und Besitzstandswahrung, als Disziplinierung der eigenen Anhängerschaft ausgelegt. Gegenüber dem Versuch, die Prozesse als Mittel der Gegenreformation zu erklären, hat diese These den Vorteil, auch zeitlich spätere Prozesse und solche in rein protestantischen Gebieten einzubeziehen. Zuletzt ist diese These von H. Lehmann vorgetragen worden, der zunächst einmal feststellt: »Die entscheidende Schubkraft hinter der Ausbreitung und hinter der Ausweitung der Hexenprozesse waren die Glaubenskämpfe und der sich durchsetzende Absolutismus, die zwei wichtigsten historischen Kräfte der damaligen Epoche«.[267] Unter Gegenreformation versteht H. Lehmann nicht nur die gewaltsame

Rekatholisierung nach dem Prinzip des »cuius regio eius religio«, sondern auch die kirchliche Reform im Anschluß an das Konzil von Trient innerhalb katholischer Territorien. Für die Hexenprozesse werden diese Reformmaßnahmen als die eigentliche Triebfeder gesehen; das gesteigerte Engagement der kirchlichen Institutionen auf allen Gebieten soll zur verstärken Verfolgung der Hexen geführt haben. In rekatholisierten Gebieten erfolgte dies also nach der Gegenreformation im engeren Sinne: »Erst als diese Auseinandersetzung überstanden war und als es darum ging, den Sieg abzusichern, wurden die Hexen schärfer verfolgt«.[268]

Diese Aussage stützt sich auf Untersuchungen, die lediglich die bekannte Tatsache bestätigen, daß in einigen geistlichen Territorien, vornehmlich im fränkischen Raum, die Prozesse wahrscheinlich auf die Initiative reformerisch engagierter Landesherren zurückgehen. Erst die Verallgemeinerung führt zu solchen Fehlurteilen wie zu dem schon angeführten über die Kurtrierer Hexenprozesse der Jahre um 1590. Angesichts der zeitlichen und räumlichen Verteilung der Prozesse dürfte die These auch dann noch schwierig zu belegen sein, wenn sie mit absolutistischen Bestrebungen kombiniert wird: »Die durch die Glaubenskämpfe intensivierte Hexenverfolgung erreichte, wie es scheint, in jenen Territorien ihre größte Wirkung, in denen sich frühabsolutistische Regierungsformen durchsetzten«.[269] Es ist unbestritten, daß sich ein absolutistisch strafferes Regiment auch in einer Intensivierung der Strafverfolgung auswirken kann, die dann alle Delikte einschließlich Zauberei betrifft. Wenn aber meine Diagnose über den Zusammenhang der Kernzone der Hexenprozesse mit dem Bereich der größten territorialen Zersplitterung einigermaßen zutrifft, wirft dies für eine Verbindung mit frühabsolutistischen Regierungsformen große Probleme auf.

4. Feldzug gegen das weibliche Geschlecht

Die Strafbestimmungen gegen Zauberei im römischen Recht zielen u. a. auf eine Straftat, die auch heute noch im Strafgesetzbuch vorkommt: den Giftmord.[270] Das heimlich beigebrachte Gift fällt unter die Gefahren, gegen die sich Menschen nicht schützen können, weil sie nicht erkennbar sind. Diese Angst wird um so größer, je übertriebenere

Vorstellungen über die möglichen Wirkungen von Giften herrschen. Das legendäre Borgiagift mit seiner Langzeitwirkung ist nur für uns legendär; den Zeitgenossen um 1500 war es lebendige Realität: Man hielt es für durchführbar, einem Menschen einen vergifteten Brief zu schicken und ihn durch die Berührung des Papiers zu töten.[271] Ein attentatsgefährdeter Emigrant im Rom Alexanders VI. nahm Briefe seines Gegners erst dann in die Hand, wenn die Überbringer sie vor seinen Augen abgeleckt hatten.[272] Die Verbindung von Giftmischerei und Zauberei ist sehr naheliegend, bilden doch beide Quellen heimlicher, kaum entdeckbarer Schädigungen. Auch in der Hexenlehre spielt ja der Schadenzauber, ausgeführt mit nun im wahrsten Sinn des Wortes »teuflischem« Gift, eine entscheidende Rolle.

Der Gesamtbereich der magischen, zauberischen und giftmischerischen Künste ist bei vielen Völkern hauptsächlich Frauen zugeschrieben worden, wie es auch den Verfassern der Hexenschriften des 15. bis 17. Jahrhunderts eine Selbstverständlichkeit war, daß vorwiegend Frauen Hexerei betrieben. N. Paulus hat in seiner Studie »Die Rolle der Frau in der Geschichte des Hexenwahns« eine Fülle einschlägiger Aussagen zusammengestellt, darum mag hier ein Zitat aus einer Predigt des bekannten Straßburger Dompredigers Geiler von Kaisersberg aus dem Jahre 1508 genügen: »... wenn man einen Mann verbrennt, so brennt man wohl zehn Frauen« – eine Formel, die in den Hexenschriften der Zeit immer wieder auftaucht.[273] Die Begründungen sind allemal nur Variationen über das gleiche Grundthema: die Inferiorität der Frauen gegenüber Männern schlechthin.

Zu Kulturkampfzeiten haben protestantische Autoren bei dieser Gelegenheit gern auf die frauenfeindliche Seite von Mönchsaskese und Zölibat verwiesen, während ihre Gegner an die gewiß nicht ehelosen protestantischen Verfechter der gleichen Meinungen erinnerten.[274] Die ganze Frage ist aber zweitrangig. Wie hoch man auch die Wirkung des extrem frauenfeindlichen »Hexenhammers« veranschlagt – mit der grundsätzlichen Überzeugung von der Inferiorität der Frau stehen alle Konfessionen der frühen Neuzeit in antiker Tradition. Neben der Bibel und manchen Kirchenvätertexten war es besonders die uneingeschränkt übernommene aristotelische Biologie, die die Frau als Mißerfolg in die Welt kommen ließ, als »verstümmelter Mann«. So hieß sie bei Aristoteles, so hat es die Scholastik tradiert.[275] Die Zuspitzung der Hexenlehre auf Frauen muß innerhalb dieser Tradition gesehen werden. So ist es geradezu selbstverständlich, daß auch die frühen

Bekämpfer der Hexenlehre auf dem Boden der gleichen frauenfeindlichen Tradition bleiben, indem etwa J. Weyer die stärkere Veranlagung der Frauen zur Melancholie und damit zur teuflischen Vorspiegelung aus ihrer Inferiorität erklärt.[276]

Innerhalb der durch die Hexenlehre so einseitig belasteten Frauen sollen es noch ganz besonders alte Frauen sein, die sich häufig als Hexen betätigen, wie die Verfasser der zeitgenössischen Hexenschriften immer wieder versichern.[277] Aber auch ein so nüchterner und in bezug auf Hexenprozesse ungewöhnlich kritischer Beobachter wie der Kölner Ratsherr Hermann Weinsberg gewann den Eindruck, es würden in erster Linie alte Frauen von den Prozessen erfaßt. Die Trierer Prozeßwelle der Jahre um 1590 kommentierte er mit den Worten: »Man kann der alter weiber und verhaster leut nit balder quidt werden, dan auf sulche weis und maneir«.[278]

Waren etwa die alten Frauen mit den »verhaßten Leuten« identisch und wenn ja, warum waren sie denn so verhaßt? Hatte die verbreitete Hexenlehre durch ihre Hinweise in diese Richtung den Volkszorn in Kurtrier gesteuert, oder wollte man der alten Frauen aus andern Gründen »quitt werden«? Diese Fragezeichen sind deshalb vonnöten, weil die Forschung – wieder einmal – keine Antwort bereithält. Daß die Opfer von Hexenprozessen in ganz Europa mehrheitlich Frauen waren, ist unumstritten. Zwar sind auch Männer hingerichtet worden, und es gibt Gebiete mit relativ hohem Anteil von männlichen Opfern, wie beispielsweise in den für das Herzogtum Westfalen nachgewiesenen Verfahren fast die Hälfte der Angeklagten Männer gewesen sind, doch ändert dies alles nichts am Gesamtbild.[279] Ein Vergleich zwischen verschiedenen Gebieten Europas, aus denen entsprechende Aufstellungen vorliegen, ergab im Durchschnitt 80 % Frauen als Opfer mit Maximalwerten von 95 % in bestimmten Juraregionen und 92 % in Essex und Namur sowie mit Minimalwerten von 58 % im Waadtland und 64 % in schweizerischen Freiburg.[280]

Obgleich für Deutschland eine umfassende Aufstellung dieser Art fehlt, kann am grundsätzlichen Überwiegen weiblicher Opfer auf Grund der Quellen und Literatur, einschließlich der Poznań-Sammlung, kein Zweifel herrschen. Alle weitergehenden Fragen aber führen sofort wieder zu den gleichen Problemen, die oben im Zusammenhang mit der sozialen Basis angesprochen wurden. Infolge der konstatierten Forschungslücke bleibt nicht nur unbeantwortet, welchen Bevölkerungsgruppen auf dem Lande und in den kleinen Städten die Opfer angehörten, sondern auch die Frage nach Alter, Personenstand usw. Doch angenommen, die Mehrheit der von Hexenprozessen erfaßten Frauen waren alt, wobei im frühneuzeitlichen Europa der Beginn des Alters bei Frauen wohl bald nach dem 40. Lebensjahr anzusetzen ist, dann könnten doch nur verschiedene an Hand außerdeutscher Hexenprozesse entwickelte Thesen herangezogen werden, deren Überprüfung für Deutschland noch aussteht. Verkörperten die alten Frauen jene Bevölkerungsgruppe, die im Gefolge sozialer Umwälzungen nunmehr als große Belastung empfunden wurde, wie es Keith Thomas für England beschrieben hat? Oder ist E. William Monter zu folgen, der die Geschlechtszugehörigkeit in den Mittelpunkt seiner These stellt? Er geht davon aus, »that the archetypical witch of sixteenth- and seventeenth-century Europe was an old woman – whether married or widowed or single made little difference«; da jedoch von Hexenprozessen vornehmlich Witwen und ledige Frauen höheren Alters betroffen waren, »we can argue that witchcraft accusations can best be understood as projections of patriarchal social fears onto atypical women, those who lived apart from the direct male control of husbands or fathers«.[281] Dies bleibt eine offene Frage, denn das Überwiegen weiblicher Opfer schließt andere Verfolgungsmotive als Geschlechterhaß nicht aus. Die Anwendung der frauenfeindlichen Hexenlehre trifft zwar mehrheitlich Frauen, aber daraus folgt nicht unbedingt, daß Frauen wegen ihrer Geschlechtszugehörigkeit allein zum Ziel der Verfolgung werden. Beispielsweise könnten für die bäuerlichen Gemeinden der Herrschaft Büren die Unterbäuerischen die eigentliche Zielgruppe ihrer Angriffe sein, auch wenn infolge der Hexenlehre dann mehrheitlich weibliche Mitglieder dieser Gruppe betroffen sind. Ohne Detailuntersuchungen bleiben letztlich beide Thesen für deutsche Hexenprozesse zweifelhaft.

In dieser Hinsicht von keinen Zweifeln geplagt ist dagegen eine Reihe von Publikationen, die in den letzten Jahren im Zusammenhang mit der neuen Frauenbewegung erschienen sind. Allerdings bleiben diese Arbeiten für die Aufklärung der historischen Erscheinung Hexenprozesse aus zwei Gründen unergiebig: einmal wegen der grundsätzlichen Weigerung der Verfasserinnen, Akten zu lesen, und zum anderen, weil die Untersuchungsergebnisse von vornherein feststehen. Hexenprozesse werden ohne weiteres zum »Feldzug gegen das weibliche Geschlecht« und zur «Widerstandsbewegung . . ., der maßgeblich Frauen angehörten« erklärt, Behauptungen, die auch durch häufiges Wiederholen nicht an Beweiskraft gewinnen und letztlich mehr über das Selbstverständnis der Frauenbewegung aussagen als über die Vorgänge im 16. und 17. Jahrhundert.[282]

Die zuletzt erschienene Publikation dieser Art, ein von Claudia Honegger herausgegebener Sammelband, kann es verdeutlichen. Vorausgesetzt wird die Tatsache, daß Hexenprozesse eine Rebellion der Frauen gegen ihre Ohnmacht im Patriarchat waren: »Sie betrieben oder phantasierten Hexerei als Antwort auf den ihnen bescherten Alltag, aus Wut über ihre reale Ohnmacht«.[283] Zweite Voraussetzung: Die bisherige Hexenforschung, die der Sammelband in einer repräsentativen Auswahl von Texten vorstellen will, ist von Männern geschrieben und weist keineswegs zufällige Erklärungsdefizite auf. Ein gewisser Nutzen ist ihr zwar nicht abzusprechen – sonst wäre ja schließlich die ganze Veröffentlichung sinnlos –, aber letzten Endes »verzerren sie alle systematisch die Geschichte der großen Verfolgungen durch ihre obstinate Weigerung, die Hexen zuallererst als Frauen wahrzunehmen«.[284] So krankt denn die Arbeit von H.R. Trevor-Roper »an einem nicht eingelösten sozialgeschichtlichen Anspruch«, A. Macfarlane bedient sich einer derart breiten Erklärungsfolie, daß er »die Einmaligkeit der okzidentalen Entwicklung gerade nicht zu fassen bekommt«, und Keith Thomas erliegt der Gefahr »objektivistischer Verzerrung«.[28] Als Schlimmster stellt sich Robert Mandrou mit seinem Buch über das Ende der Hexenprozesse in Frankreich heraus. Ein besonderer Beitrag von Jeanne Favret – die nach Meinung der Herausgeberin als Frau die Geschichte nicht verzerrt –, weist ihm und stillschweigend eingeschlossen allen Historikern nach, daß er seine Sprache allein den Machthabern leiht. Warum? Weil er Akten liest! Weil er »aus seinem Thema alles ausschließt, was nicht Gegenstand empirischer Verifizierung – das heißt hier: Begründung durch Archivdokumente – sein kann«.[286]

Damit ist in der Tat ein wichtiger Bestandteil historischer Arbeitsweise beschrieben und zugleich einer der Gründe genannt, die die hier angesprochenen Arbeiten für Historiker unergiebig machen. Es wird nämlich unterstellt, die Archivalienbenutzung sei sinnlos, weil in ihnen ausschließlich die Oberschicht zu Wort komme. »Mandrou setzt nur auf eine einzige Kollektivität, jene nämlich, die in den Archiven Spuren zurückgelassen hat, die schreiben und von sich reden machen kann. Es ist die Kollektivität der «Gelehrten» (Theologen, Richter, Ärzte) und die der «Mächtigen» (König, Gouverneure, Intendanten usw.). . . . In seinem Buch kommen die verschiedenen intellektuellen und politischen Cliquen des 17. Jahrhunderts zu Wort . . .«.[287] Im Hintergrund dieser Vorstellung steht die bekannte Tatsache, daß Unterschichten in den Archiven unterrepräsentiert sind. Archive sind durchweg Behördenarchive, in denen die Mehrheit der Bevölkerung als verwaltete Bevölkerung vorkommt, und diejenigen Gruppen, bei denen es am wenigsten zu verwalten gibt, sind auch am dürftigsten vertreten. Aber erstens hat die Geschichtswissenschaft Methoden entwickelt, die eine erfolgreiche Arbeit auch bei dürftiger Quellenlage ermöglicht, und zweitens gibt es zur Arbeit mit diesen Quellen im Grunde nur eine Alternative: die Phantasie, die Einbildung, die Intuition oder wie immer man es nennen will. Es war bekanntlich der französische Historiker Jules Michelet, der diese Alternative in seinem Buch »Die Hexe« aufgegriffen hat, ein Buch, das nicht nur Jeanne Favret empfiehlt, unbeirrt vom »Geschwätz späterer Historiker«.[288] Auch Claudia Honegger macht sich die Verwerfung der Aktenlektüre zu eigen, indem sie sich anschickt, das Thema Hexenprozesse vor »archivarischer Geschichtsschreibung« zu retten.[289]

Nach dem Motto: Wir lesen keine Akten, aber wir wissen, daß nichts darinsteht, werden die erhaltenen Dokumente beiseite geschoben als wertloses Papier, das doch nur das sinnlose Gerede der Hexenverfolger wiedergibt. Dies erinnert etwas an J. Hansen, der auch der Meinung war, die Akten des 16. und 17. Jahrhunderts enthielten nur noch Geständnisprotokolle »voll grausiger Einförmigkeit«.[290] In Wirklichkeit verwahren die Archive zum Thema Hexenprozesse natürlich mehr als nur Prozeßakten oder gar nur Geständnisprotokolle, und außerdem sind die Prozeßakten weder einförmig noch nichtssagend. Im Gegenteil, hier ist die Stelle, an der das angebliche Schweigen der Hexen endet. Hier kann man nachlesen, was Rebekka Lempin aus Nördlingen 1590 in einem abgefangenen Kassiber an ihren Mann schreibt: »man hat mich so gemartert, ich bin so unschuldig als Gott im Himmel«.[291] Man kann das gleiche in zahllosen Prozeßakten quer und längs durch Deutschland nachlesen bis hinauf nach Niedersachsen, wo Gese Bosse aus dem Fürstentum Braunschweig-Wolfenbüttel 1569 ihrem Pfarrer anvertraut: »Alles was sie auch von der Zauberey und bulen mit dem Teufel gesagt und die andern Weiber besagt, hette sie aus grosser Marter und Pein gesagt, were desselben fur Godt und seinem Gericht unschuldig«.[292] Diese Frauen sprechen alle nur mit weniger Worten aus, was der gefolterte Bamberger Bürgermeister Johann Junius 1628 in einem langen Brief an seine Tochter bis ins Detail beschrieben hat: »Zu viel hundert tausend guter nacht hertzliebe dochter Veronica. Vnschuldig bin ich in das gefengnus kommen, vnschuldig bin ich gemarttert worden, vnschuldig muß ich sterben. Denn wer in das haus (Hexenhaus) kompt, der muß ein Drudner (Hexer) werden oder wird so lange gemarttert, biß das er etwas auß seinem Kopff erdachte weiß, vnd sich erst, daß got erbarme, uf etwas bedencke«.[293]

Schweigen hier die Opfer? Sprechen hier Menschen, die Hexerei betrieben oder phantasiert haben aus Wut über ihre Ohnmacht? Die Opfer der Hexenprozesse haben in großer Zahl sehr klar zum Ausdruck gebracht, daß die Folter oder die Angst vor der Folter ihnen Geständnisse über Taten entriß, mit denen sie in keiner Weise etwas zu tun hatten.

Zusammenfassung

Erklärungen für Hexenprozesse werden von der Literatur in staunenswerter Fülle angeboten, und an Abwechslung herrscht auch kein Mangel. Hexenprozesse sollen das Ergebnis von Sexualverdrängungen sein, aber auch von Aggressionen gegen Minderheiten oder von Unterdrückung archaischer Kulte. Hexen werden als Opfer patriarchalischer Sozialängste dargestellt, als Opfer bedrohter Kirchenmacht, absolutistischer Staatsgewalt oder schlicht einer Massenhysterie. Dabei haben sich manche Autoren mit der Beweisführung nicht lange aufgehalten, und für sie gilt, was Alan Macfarlane über den Hexen-Essay von H.R. Trevor-Roper geschrieben hat, der die unbewiesene Behauptung vom direkten Zusammenhang zwischen Hexenprozessen und Konfessionskonflikten verficht: »The theories about ›mountain origin‹ of witchcraft of the coincidence of religious war and witchcraft prosecutions are impossible to prove or disprove, for they assume that we know much more than we really do about the geographical and temporal distribution of witchcraft prosecutions in Europe. It is naturally impossible when undertaking such a vast survey actually to do any research on primary sources, on the actual records of witchcraft trials«.[294]

Damit ist zugleich ein Schwerpunkt im Bereich der Forschungslücken angesporchen: Er liegt im Mangel an empirischen Überprüfungen. Vergleicht man die unabdingbaren Voraussetzungen für Hexenprozesse – Hexenlehre, Folter, Antifeminismus u. a. – mit einem Instrument, dann kann man sagen, daß dieses Instrument in ganz Deutschland zweihundert Jahre lang bereitlag. Angewandt wurde es aber vornehmlich in bestimmten Gebieten und dort vornehmlich zu bestimmten Zeiten. Da die Forschung dagegen von gleichmäßiger Verbreitung der Prozesse ausging, fragte sie etwas einseitig nach diesen allgemeinen Voraussetzungen und verfolgte deren Entstehung, Entwicklung und Verbindung. So gewiß sie Gründe für die Hexenprozesse sind, so gewiß sind sie es nicht allein. Sie allein liefern keine ausreichende Erklärung, so wenig wie die Existenz eines Messers einen Mord erklärt. Wenn Friedrich von Spee in seinem berühmten Buch ausruft: Die Folter mach die Hexen! – gibt er diesem Irrtum klaren Ausdruck. Die Folter ist eine unabdingbare Voraussetzung für die massenweise Durchführung von Hexenprozessen in kurzer Zeit, aber sie erklärt sie nicht ausreichend. Die Folter gab es in ganz Deutschland und durch viele Jahrhunderte, Hexenprozesse eben nicht.

Der Mangel an empirischen Überprüfungen macht sich auch bei Forschungsansätzen bemerkbar, die für die weitere Arbeit zum Thema Hexenprozesse im Alten Reich fruchtbar werden könnten. Beispielsweise bleibt die Annahme von Aggressionen gegen Minderheiten in Krisensituationen, so einleuchtend sie gerade auch im Hinblick auf die Judenverfolgungen ist, so lange unbefriedigend, wie die jeweilige Krise und der Mechanismus der Aggression nicht bekannt sind. Um die Wellen als Beispiel zu nehmen: Weder müssen alle Prozeßwellen die gleiche Ursache haben, noch muß es jeweils nur eine Ursache sein – aber es muß zu den allgemeinen Voraussetzungen noch etwas hinzukommen, um zur Prozeßwelle zu führen. Ob dies demographische, wirtschaftliche, konfessionspolitische oder andere Faktoren sind, ob es eine Mischung aus mehreren solcher Faktoren ist, ob sich dabei die Aggression gegen bestimmte Gruppen wendet – dies alles sind Fragen, die von der weiteren Forschung beantwortet werden müssen. Wie immer aber ihre Antworten ausfallen mögen, sie werden mit aller Wahrscheinlichkeit denjenigen zu »rationalistisch« sein, die in archaischen Kulten, Geheimbünden oder weiblichen Widerstandsbewegungen die Erklärung suchen.

Auswahlbibliographie

Eine kommentierte Bibliographie zum Thema fehlt.[295] Das ist besonders unangenehm auf einem Gebiet, wo – nach H.C.E. Midelforts zutreffender Meinung – mehr Unsinn literarischen Niederschlag gefunden hat als auf jedem anderen Gebiet der Geschichte.[296] »Mindestens zwei Drittel«, meinte J. C. Baroja, »wenn nicht drei Viertel des Geschriebenen kann man bei einer ernsthaften Diskussion über das Thema gänzlich beiseite lassen«.[297] Reine Titelaufzählungen sind hier wenig hilfreich. Dafür bietet auch H. C. E. Midelforts eigener bibliographischer Abriß ein Beispiel, in dem die profunden Arbeiten von Etienne Delcambre über die Hexenprozesse in Lothringen neben Büchern wie *Witches and Sorcerers,* London 1962, von A. Daraul genannt werden. In letzterem geht es munter von »The Pythagoreans« über »The Witches of Sweden« bis »Magicians Today« – von keinerlei Quellen- und Literaturnachweisen getrübt. Es handelt sich um eine der vielen kurzen Gesamtdarstellungen, vor denen schon E. W. Monter in seinem Reader zum Gebrauch für amerikanische Studenten gewarnt hat.[298]

Das reichhaltigste Verzeichnis sowohl der Hexenbücher des 15. bis 18. Jahrhunderts wie moderner Forschungsliteratur enthält: *Witchcraft.* Catalogue of the Witchcraft Collection in Cornell University Library, hg. v. M.J. Crowe, Millwood/N.Y. 1977. Er gibt den Bestand der riesigen Hexenliteratur-Sammlung der Cornell Universität in Ithaca wieder, über den H. Schneider in: Hessische Blätter für Volkskunde 41 (1950), S. 196–208, berichtet hat. Dazu kommen folgende bibliographische Beiträge: H.C.E. Midelfort, *Recent Witch Hunting Research, or Where Do We Go from Here?*, in: The Papers of the Bibliographical Society of America 62 (1968), S. 373–420; Donald Nugent, *Witchcraft Studies, 1959–1971:* A bibliographical Survey, in: Journal of Popular Culture 5 (1971), S. 711–725; E. William Monter, *The Historiography of European Witchcraft: Progress and Prospects,* in: Journal of Interdisciplinary History 2 (1972), S. 435–451; I. Schöffer, *Heksengeloof en heksenvervolging.* Een historiografisch overzicht, in: Tijdschrift voor Geschiedenis 86 (1973), S. 215–235.

Zum Thema der deutschen Geschichtswissenschaft sind die Hexenprozesse im 19. Jahrhundert geworden, wenn man die Sammlungen von Aktenstücken und älteren Schriften aus dem 18. Jahrhundert beiseite läßt. Was. J.M. Schwager unter dem Titel *Versuch einer Geschichte der Hexenprocesse,* Berlin 1784, bietet, ist eine kommentierte Teilübersetzung des *Hexenhammer.* Die zweibändige *Daemonomagie, oder Geschichte des Glaubens an Zauberei und dämonische Wunder, mit besonderer Berücksichtigung des Hexenprocesses seit den Zeiten Innocentius des Achten,* von G.K. Horst, Frankfurt a.M. 1818, geht auf die Prozesse selbst kaum ein und rechtfertigt mitnichten die Meinung des Autors, »daß dieses Werk als der erste vollständige Versuch einer Geschichte der Zauberei und des Hexenprocesses betrachtet werden muß« (S. XV). Als solcher kann erst Wilhelm G. Soldans *Geschichte der Hexenprozesse,* 2 Bde., Stuttgart 1843, gelten. 1879 von seinem Schwiegersohn Heinrich Heppe und 1911 ein weiteres Mal von Max Bauer überarbeitet, erlebte der »Soldan-Heppe-Bauer« immer neue Auflagen bis zum jüngsten Nachdruck von 1972 und ist noch heute ein Standardwerk. Gesamtdarstellungen außer Soldan sind wie die meisten Arbeiten bis zum ersten Weltkrieg mehr oder weniger vom Kulturkampf und seinen Ausläufern geprägt, denn das Thema eignete sich als Waffe im Streit der Konfessionen. Danach ist längere Zeit keine Gesamtdarstellung von deutscher Seite mehr erschienen; hier sind erst wieder zu nennen K. Baschwitz, *Hexen und Hexenprozesse,* München 1963; H. Döbler, *Hexenwahn,* München 1977 und M. Hammes, *Hexenwahn und Hexenprozesse,* Frankfurt a.M. 1977. Die von der Frauenbewegung beeinflußten Publikationen zum Thema wurden oben im Kap. IV. 4. aufgeführt. Umfangreiche Literaturangaben enthält die Übersicht von H. Lehmann, *Hexenverfolgungen und Hexenprozesse im Alten Reich zwischen Reformation und Aufklärung,* in: Jb. des Instituts f. Deutsche Geschichte 7 (1978), S. 13–70.

Ein besonders gut erforschter Teilbereich ist die Hexenlehre, deren Entstehung und Entwicklung J. Hansen, *Zauberwahn, Inquisition und Hexenprozeß im Mittelalter und die Entstehung der großen Hexenverfolgung,* München 1900 (Neudruck Aalen 1964), nachgegangen ist; dazu gehört der Quellenband J. Hansen, *Quellen und Untersuchungen zur Geschichte des Hexenwahns und der Hexenverfolgung im Mittelalter,* Bonn 1901 (Neudruck Hildesheim 1963). Aus neuerer Zeit sei S. Leutenbauer, *Hexerei- und Zaubereidelikt in der Literatur von 1450 bis 1550,* Berlin-W. 1972 genannt, wo die einzelnen Begriffe, lateinische wie volkssprachliche, für Hexerei, Zauberei usw. im Untersuchungszeitraum verfolgt und erklärt werden. Zur Hexenlehre gehören natürlich auch die Hexenbücher des 15. bis 18. Jahrhunderts und ihre Autoren. Mit einigen wichtigen von ihnen befaßt sich der Sammelband *The Damned Art. Essays in the Literature of Witchcraft*, hg. v. Sydney Anglo, London 1977. Über Vertreter und Gegner der Hexenlehre handelt H. Brackert, *»Unglückliche, was hast du gehofft?«* Zu den Hexenbüchern des 15. bis 17. Jahrhunderts, in: G. Becker u. a., *Aus der Zeit der Verzweiflung*, Frankfurt a.M. 1977, S. 131–187. Im Vergleich mit der Hexenlehre ist die Frage nach der sozialen Basis der Prozesse noch kaum untersucht worden: W. Croissant, *Die Berücksichtigung geburts- und berufsständischer und soziologischer Unterschiede im deutschen Hexenprozeß*, Diss. iur. (masch.), Mainz 1953.

Die Hauptmasse der Literatur zum Thema Hexenprozesse in Deutschland findet sich auf landesgeschichtlicher Ebene, angefangen mit Regionaluntersuchungen bis hin zu Kleinstbereichen wie Kirchspiel oder Einzelprozeß. Aufgeführt werden können hier nur erstere, wobei große Unterschiede sich allein schon aus dem zeitlichen Abstand der Publikationen voneinander ergeben. Dies wird gleich bei den großen süddeutschen Gebieten deutlich. Das Buch von S. Riezler, *Geschichte der Hexenprozesse in Bayern*, Stuttgart 1896 (Neudruck Aalen 1968), ist natürlich anders gearbeitet als die quantifizierende Untersuchung von H.C.E. Midelfort, *Witch Hunting in Southwestern Germany 1562–1684*, Stanford/Cal. 1972. Ohne auf diese Unterschiede einzugehen, seien folgende Regionaluntersuchungen genannt: K. Hoppstädter, *Die Hexenverfolgungen im saarländischen Raum*, in: Zeitschrift für die Geschichte der Saargegend 9 (1959), S. 210–267; F. Merzbacher, *Die Hexenprozesse in Franken*, München ²/1970; K.H. Spielmann, *Die Hexenprozesse in Kurhessen*, Marburg ²/1932; K. Liebelt, *Geschichte des Hexenprozesses in Hessen-Kassel*, in: Zeitschrift des Vereins für hessische Geschichte und Landeskunde 58 (1932), S. 1–144; W. Krämer, *Kurtrierische Hexenprozesse im 16. und 17. Jahrhundert, vornehmlich an der unteren Mosel*, München 1959; E. Pauls, *Zauberwesen und Hexenwahn am Niederrhein*, in: Beiträge zur Geschichte des Niederrheins 13 (1898), S. 134–242; G. Schormann, *Hexenprozesse in Nordwestdeutschland*, Hildesheim 1977; R. Heberling, *Zauberei und Hexenprozesse in Schleswig-Holstein-Lauenburg*, in: Zeitschrift der Gesellschaft für Schleswig-Holsteinische Geschichte 45 (1915), S. 116–247; C. Beyer, *Kulturgeschichtliche Bilder aus*

Mecklenburg: Zauberei und Hexenprozesse im evangelischen Mecklenburg, Berlin 1903, (Mecklenburgische Geschichte in Einzeldarstellungen H. 6); A. Haas, *Über das pommersche Hexenwesen im 16. und 17. Jahrhundert*, in: Baltische Studien NF 34 (1932), S. 158–202; G.W. v. Raumer, *Aktenmäßige Nachrichten von Hexenprozessen und Zaubereien in der Mark Brandenburg vom 16. bis ins 18. Jahrhundert*, in: Märkische Forschungen 1 (1841), S. 236–265; F. Kausch, *Hexenglaube und Hexenprozesse in unserer Heimat. Ein Beitrag zur Geschichte der Provinz Sachsen und des Harzgebietes*, Leipzig 1927; F. Rollberg, *Vom Hexenwahn in Westthüringen. Kennzeichnendes Material aus 153 Hexenprozessen*, in: Das Thüringer Fähnlein. Monatshefte für die mitteldeutsche Heimat 7 (1938), S. 105–133; W. Höhn, *Hexenprozesse in den hennebergischen Ämtern Schleusingen, Suhl und Ilmenau*, in: Schriften des Hennebergischen Geschichtsvereins 4 (1911), S. 24–137.

Neuere Arbeiten zu Hexenprozessen anderer europäischer Länder findet man in den eingangs erwähnten bibliographischen Beiträgen und zuletzt bei R. Muchembled, *Satan au les hommes? La chasse aux sorcières et ses causes*, in: M.-S. Dupont-Bouchat, W. Frijhoff, R. Muchembled, *Prophètes et sorciers dans les Pays-Bas XVIe-XVIIIe siècle*, Paris 1978, S. 34–39. Auszüge aus einigen wichtigen englisch- und französischsprachigen Publikationen der letzten Jahre in deutscher Übersetzung bietet der Band *Die Hexen der Neuzeit*, hg. v. C. Honegger, Frankfurt a.M. 1978.

Anmerkungen

1 Burr, G.L.: The Literature of Witchcraft, in: American Historical Association Papers 4 (1890/91), Part 3, S. 66; Midelfort, H.C.E.: Recent Witch Hunting Research, or Where Do We Go from Here?, in: The Papers of the Bibliographical Society of America 62 (1968), S. 373.

2 Schultze, J.: Richtlinien für die äußere Textgestaltung bei Herausgabe von Quellen zur neueren deutschen Geschichte, in: Blätter für deutsche Landesgeschichte 98 (1962), S. 1–11.

3 Brandt an Sievers, 13. 6. 38 – abschriftlich im Archiwum Państwowe Poznań, Kartoteka procesów o czary Nr. 2 (künftig: Kartoteka); vgl. Kater, M.H.: Das »Ahnenerbe« der SS 1935–1945, Stuttgart 1974, S. 350 Anm. 387. Den Mitarbeitern des Archivs und vor allem seinem Leiter, Herrn Prof. St. Nawrocki, möchte ich für die Hilfsbereitschaft an dieser Stelle herzlich danken.

4 Kartoteka (wie Anm. 3) Inwentarz, S. IV.

5 Kater (wie Anm. 3) ebd.

6 Reichsführer! Briefe an und von Himmler. Hg. v. H. Heiber, Stuttgart 1968, S. 14; Fest, J.C.: Das Gesicht des Dritten Reiches, München 1963, S. 165.

7 Kartoteka (wie Anm. 3), Inwentarz, S. IV.

8 Levin, R.: Der Geschichtsbegriff des Positivismus unter besonderer Berücksichtigung Mills und der rechtsphilosophischen Anschauungen John Austins, Diss. phil., Leipzig 1935, Anhang: Lebenslauf.

9 Kartoteka (wie Anm. 3), Nr. 2.

10 Undatiert, ebd.

11 Ebd. Nr. 3.

12 Siehe u. S. 100ff.

13 Kartoteka (wie Anm. 3), Nr. 2952; StA Magdeburg Rep. H. Stolberg-Wernigerode C 138a Fach 7 Nr. 1–31, B XXIII Nr. 73 I–IV.

14 Z. B. Dec. Arc. Generalia 1, 2.

15 Siehe u. S. 95ff.

16 Kartoteka (wie Anm. 3), Nr. 3707.

17 Schormann, G.: Hexenprozesse in Nordwestdeutschland, Hildesheim 1977 (Quellen und Darstellungen zur Geschichte Niedersachsens Bd. 87), S. 88, 116f.

18 Siehe u. S. 77f.

19 StA Münster, Herrschaft Büren, Akten Nr. 947 Bl. 187f.

20 Das Untergeschoß der Burgruine Ringelstein, in dem sich vermutlich die Hafträume befanden, ist vor kurzem von einer Bürgerinitiative des benachbarten Dorfes Harth restauriert worden. Vgl. Neue Westfälische Zeitung, Ausgabe Büren, 8. 3. 1980.

21 Für die Einzelheiten zur Hexenlehre und zur Justiz vgl. die Kap. II. 1. a) und b).

22 StA Münster, Herrschaft Büren, Akten Nr. 947.

23 Opel, J.: Zur Kriminalstatistik der beiden Städte Zeiz und Naumburg während der Jahre 1549–1664, in: Zs. f. deutsche Kulturgeschichte 4 (1859), S. 640.

24 Lit. vgl. Blöcker, M.: Ein Zaubereiprozess im Jahre 1028, in: Schweizerische Zs. f. Geschichte 29 (1979), S. 533–555.

25 Crecelius, W.: Bekenntnis einer als Hexe angeklagten Nonne aus dem Jahre 1516, in: Zs. d. bergischen Geschichtsvereins 9 (1873), S. 103–110.

26 Soldan, W.G.: Geschichte der Hexenprozesse, 2 Bde., bearb. v. H. Heppe – M. Bauer, München ³/1912, Neudruck Darmstadt 1972.

27 Zum folgenden Lory, K.: Hexenprozesse im Gebiete des ehemaligen Markgrafenlandes, in: Festgabe K.Th. v. Heigel, München 1903, S. 290–296.

28 Weiland, L.: Ein Hexenprozess im elften Jahrhundert, in: Zs. f. Kirchengeschichte 9 (1888), S. 592f.

29 Siebel, F.W.: Die Hexenverfolgung in Köln, Diss. jur., Bonn 1959, S. 28.

30 Byloff, F.: Das Verbrechen der Zauberei (crimen magiae). Ein Beitrag zur Geschichte der Strafrechtspflege in Steiermark, Graz 1902.

31 Z. B. Kieckhefer, R.: European Witch Trials. Their Foundations in Popular and Learned Culture, 1300–1500, Berkeley/Los Angeles 1976; Muchembled, R.: Culture populaire et culture des élites dans la France moderne (XVe–XVIIe siècles), Paris 1978.

32 Siehe u. Anm. 75.

33 Steinberg, S.H.: Der Dreißigjährige Krieg und der Kampf um die Vorherrschaft in Europa 1600–1660, Göttingen 1967, S. 5.

34 Sprenger, J. / Institoris, H.: Der Hexenhammer. Hg. v. J.W.R. Schmidt, Berlin 1906, Neudruck Darmstadt 1974, S. XLIII.

35 Dölger, F.J.: »Teufels Großmutter«. Magna Mater Deum und Magna Mater Daemonum, in: Ders., Antike und Christentum, Bd. 3, Münster 1932, S. 175.

36 Hansen, J.: Zauberwahn, Inquisition und Hexenprozeß im Mittelalter und die Entstehung der großen Hexenverfolgung, München 1900, Neudruck Aalen 1964, S. 35.

37 Klose, H.-C.: Die angebliche Mitarbeit des Dominikaners Jakob Sprenger am Hexenhammer nach einem alten Abdinghofer Brief, in: Paderbornensis Ecclesia, Festschrift für Lorenz Jaeger, Paderborn 1972.

38 Sprenger/Institoris (wie Anm. 34), S. XXXII.

39 Vgl. Kap. IV. 4.

40 Brückner, W.: Historien und Historie. Erzählliteratur des 16. und 17. Jahrhunderts als Forschungsaufgabe, in: Volkserzählung und Reformation. Ein Handbuch zur Tradierung und Funktion von Erzählstoffen und Erzählliteratur im Protestantismus. Hg. v. dems., Berlin 1974, S. 15.

41 Sprenger/Institoris (wie Anm. 34). T. 1, S. 178, 206.

42 Merzbacher, F.: Die Hexenprozesse in Franken, München ²1970, S. 43.

43 Z. B. bei Hansen (wie Anm. 36), S. 524.

44 Conrad, H.: Deutsche Rechtsgeschichte, Bd. 1, Karlsruhe 1962, S. 391.

45 Sammlung der Gesetze und Verordnungen, welche in dem vormaligen Churfürstenthum Trier über Gegenstände der Landeshoheit, Verfassung, Verwaltung und Rechtspflege ergangen sind, vom Jahre 1310 bis . . . 1802. Hg. v. J.J. Scotti, T. 1, Düsseldorf 1832, S. 558.

46 Ebd. S. 557 f.

47 StA Marburg Best. 115 Nr. 14/23.

48 Hansen, J.: Der Malleus maleficarum, seine Druckausgaben und die gefälschte Kölner Approbation vom J. 1487, in: Westdeutsche Zs. f. Geschichte und Kunst 17 (1898), S. 120.

49 Ebd. S. 130 ff.

50 Stintzing, R.: Geschichte der deutschen Rechtswissenschaft, Bd. 1, München 1880, S. 645.

51 Zum folgenden Baxter, C.: Johann Weyer's De Praestigiis Daemonum: Unsystematic psychopathology, in: The Damned Art. Essays in the Literature of Witchcraft, hg. v. S. Anglo, London, 1977, S. 53–75.

52 Schneider, U.F.: Das Werk »De praestigiis Daemonum« von Weyer und seine Auswirkungen auf die Bekämpfung des Hexenwahns, Diss. iur. (masch.). Bonn 1951, S. 4.

53 Baxter (wie Anm. 51), S. 71.

54 Schneider (wie Anm. 52), S. 62–70.

55 Nachweis: Lange, U.: Untersuchungen zu Bodins Demonomanie, Frankfut a.M. 1970, S. 7.

56 Ebd. und Bodin, J.: Vom aussgelasnen wütigen Teuffelsheer, übers. v. J. Fischart, Straßburg 1591, Neudruck Graz 1973, S. V f.

57 Baxter, C.: Jean Bodin's De la Démonomanie des Sorciers: The logic of persecution, in: (wie Anm. 51), S. 101 f.

58 Bodin (wie Anm. 56), S. 258.

59 Hansen (wie Anm. 48), S. 131 Anm. 28.

60 Zenz, E.: Dr. Dietrich Flade, ein Opfer des Hexenwahns, in: Kurtrierisches Jb. 2 (1962), S. 68 f.

61 Zum folgenden Riezler, S. v.: Geschichte der Hexenprozesse in Bayern, Stuttgart 1896, Neudruck Aalen 1968, S. 244 f.

62 Fischer, E.: Die »Disquisitionum magicarum libri sex« von Martin Delrio als gegenreformatorische Exempel-Quelle, Diss. phil., Frankfurt a.M. 1975, S. 5–15.

63 Delrio, M.: Disquisitionum magicarum libri sex, 3 Bde., Mainz 1606; hier: Bd. 3, S. 315–319, dazu S. 60.

64 Fischer (wie Anm. 62), S. 125 ff, 147 f.

65 Ritter, J.-F.: Friedrich von Spee 1591–1635. Ein Edelmann, Mahner und Dichter, Trier 1977, S. 67–78 mit Lit.

66 Zwetsloot, H.: Friedrich Spee und die Hexenprozesse, Trier 1954, S. 80.

67 Zum folgenden Schormann, G.: Academia Ernestina. Die schaumburgische Universität zu Rinteln an der Weser (1610/21–1810), Marburg 1981, Kap. II. 2. a).

68 Ritter (wie Anm. 65), S. 72.

Anmerkungen zu Seite 38–51

69 Janssen, J.: Geschichte des deutschen Volkes seit dem Ausgang des Mittelalters. Bd. 8. Freiburg i. Br. [14]1903, S. 710 Anm. 2; Duhr, B.: Die Stellung der Jesuiten in den deutschen Hexenprozessen, Köln 1900, S. 56ff.

70 Geilen, H.P.: Die Auswirkungen der Cautio criminalis von Friedrich von Spee auf den Hexenprozeß in Deutschland, Diss. rer. nat., Köln 1963, S. 46–49.

71 Schormann (wie Anm. 67), Kap. II. 3. b).

72 Reuning, W.: Balthasar Bekker der Bekämpfer des Teufels- und Hexenglaubens, Diss. phil. (masch.), Gießen 1925.

73 Thomasius, C.: Über die Hexenprozesse. Hg. v. R. Lieberwirth, Weimar 1967, Einleitung, S. 13ff.

74 Ebd., S. 28.

75 Hansen (wie Anm. 36), S. 535.

76 Spee, F.v.: Cautio criminalis, Darmstadt [2]1967, S. 96.

77 Schmidt, E.: Einführung in die Geschichte der deutschen Strafrechtspflege, Göttingen [3]1965, S. 131ff.

78 HStA Wiesbaden Abt. 369 Nr. 47.

79 Gwinner, H.: Der Einfluß des Standes im gemeinen Strafrecht, Breslau-Neukirch 1934, S. 125, 184, 203f.

80 Reiß, W.: Die Hexenprozesse in der Stadt Baden-Baden, in: Freiburger Diözesan-Archiv 91 (3. Folge 23) (1971), S. 232.

81 Merzbacher (wie Anm. 42), S. 163.

82 Spee (wie Anm. 76), S. 283f.

83 Schormann (wie Anm. 17), S. 124ff.

84 HStA Wiesbaden Abt. 369 Nr. 73.

85 Zusammengestellt bei Zwetsloot (wie Anm. 66), S. 220f., bes. Anm. 39.

86 StA Münster, Fstm. Siegen, Landesarchiv 22, Nr. 73 Bd. 6.

87 Schormann (wie Anm. 17), S. 118–123.

88 Merzbacher (wie Anm. 42), S. 153.

89 Zwetsloot (wie Anm. 66), S. 228ff.

90 Ebd. S. 226, 228f.

91 Baeyer-Katte, W.v.: Die historischen Hexenprozesse. Der verbürokratisierte Massenwahn, in: Massenwahn in Geschichte und Gegenwart. Ein Tagungsbericht. Hg. v. W. Bitter, Stuttgart 1965, S. 226.

92 Schormann (wie Anm. 17), S. 123.

93 Vgl. Kap. III. 2. b).

94 HStA Wiesbaden Abt. 369 Nr. 48.

95 Ebd. Nr. 50.

96 Spee (wie Anm. 76), S. 269f.

97 Soldan (wie Anm. 26), Bd. 2, S. 6–12.

98 StA Münster, Herrschaft Büren, Akten Nr. 947 Bl. 150.

99 Schormann (wie Anm. 17), S. 36ff.

100 Pauls, E.: Zauberwesen und Hexenwahn am Niederrhein, in: Beiträge zur Geschichte des Niederrheins 13 (1898), S. 218.

101 Merzbacher (wie Anm. 42), S. 83.

Anmerkungen zu Seite 51–66

102 Schmidt (wie Anm. 77), S. 204; Altona: Aus den Akten des Reichskammergerichts, in: Zs. f. die gesamte Strafrechtswissenschaft 12 (1892), S. 909.
103 Soldan (wie Anm. 26), Bd. 1, S. 339.
104 Horst, G. C.: Zauber-Bibliothek, 7 Bde., Mainz 1821–1826; Neudruck Freiburg i. Br. 1979; hier: Bd. 5, S. 260, Anm.
105 Pauls (wie Anm. 100), S. 228f.
106 Merzbacher (wie Anm. 42), S. 49–52.
107 Schormann (wie Anm. 17), S. 109.
108 Baschwitz, K.: Hexen und Hexenprozesse, München 1963, S. 333.
109 StA Münster, Fstm. Siegen, Landesarchiv 22 Nr. 73 Bd. 1; StadtA Bad Wildungen B 43; StA Magdeburg Rep. H. Stolberg-Wgde C 138 a Fach 7 Nr. 17; Schormann (wie Anm. 17), S. 48ff.
110 European Witchcraft. Hg. v. E.W. Monter, New York 1969, S. 73; Muchembled (wie Anm. 31), S. 292.
111 HStA Wiesbaden Abt. 115 Nr. III a 1.
112 Ebd. Abt. 369 Nr. 443.
113 Nachweise bei Burr, G.L.: The Fate of Dietrich Flade, New York 1891. S. 15–21.
114 Gesta Trevirorum integra. Hg. v. J.H. Wyttenbach/M.F.J. Müller, Bd. 3, Trier 1839, S. 53f.
115 Sammlung (wie Anm. 45), 1. T., S. 555.
116 Ebd. S. 556.
117 Ebd. S. 613.
118 Gesta (wie Anm. 114), S. 54.
119 Zum folgenden: Das Buch Weinsberg, Bd. 4. Hg. v. F. Lau, Bonn 1898, S. 68f.
120 Siebel (wie Anm. 29), S. 34.
121 HStA Wiesbaden Abt. 369 Nr. 221.
122 Soldan (wie Anm. 26), Bd. 2, S. 172.
123 StA Münster, Herrschaft Büren, Akten Nr. 947.
124 Lory (wie Anm. 27), S. 290.
125 Krämer, W.: Kurtrierische Hexenprozesse im 16. und 17. Jahrhundert, München 1959, S. 106 Anm. 3.
126 StA Bückeburg Des. F 3 unverz. Best. – 1653; StA Münster, Fstm. Siegen, Landesarchiv 22 Nr. 73 Bd. 1; HStA Wiesbaden Abt. 369 Nr. 443; Riezler (wie Anm. 61), S. 227.
127 StA Würzburg, Aschaffenburger Archivreste 360/X/Nr. 1.
128 Kleinwegener, G.: Die Hexenprozesse von Lemgo, Diss. jur. (masch.), Bonn 1954, S. 18, 27; Stadtbibl. Trier MS 2180 a/45.
129 Pauls (wie Anm. 100), S. 214–232; vgl. auch die Arbeiten über J. Weyer (wie Anm. 51, 52).
130 Schormann (wie Anm. 17), S. 47–50.
131 Boehm, E.: Der Schöppenstuhl zu Leipzig und der sächsische Inquisitionsprozeß im Barockzeitalter, in: Zs. f. die gesamte Strafrechtswissenschaft 59 (1940), S. 394–397.

Anmerkungen zu Seite 66–78

132 Trevor-Roper, H.R.: Der europäische Hexenwahn des 16. und 17. Jahrhunderts, in: Ders.: Religion, Reformation und sozialer Umbruch, Frankfurt a.M. 1970, S. 299.
133 Riezler (wie Anm. 61), S. 241f.
134 Siehe u. S. 111f.; die Arbeiten von E. Delcambre bei Midelfort (wie Anm. 1), Register.
135 Welker, A.: Hexenprozesse in der Grafschaft Dierdorf von 1629–1653, in: Jb. f. Geschichte und Kunst des Mittelrheines 14 (1967), S. 34–47.
136 Merzbacher (wie Anm. 42), S. 41–56.
137 Quellen bei Spielmann, K.H.: Die Hexenprozesse in Kurhessen, Marburg ²1932, S. 167–172. Die Darstellung selbst ist oberflächlich.
138 Liebelt, K.: Geschichte des Hexenprozesses in Hessen-Kassel, in: Zs. d. Vereins f. hessische Geschichte und Landeskunde 58 (1932), S. 45ff.
139 Lory (wie Anm. 27), S. 301ff; Kunstmann, H.: Zauberwahn und Hexenprozeß in der Reichsstadt Nürnberg, Nürnberg 1970.
140 Hoppstädter, K.: Die Hexenverfolgungen im saarländischen Raum, in: Zs. f. die Geschichte der Saargegend 9 (1959), S. 210–267.
141 Midelfort, H.C.E.: Witch Hunting in Southwestern Germany 1562–1684, Stanford/Cal. 1972, S. 32f., 64ff.
142 Zoepfl, F.: Hexenwahn und Hexenverfolgung in Dillingen, in: Zs. f. bayerische Landesgeschichte 27 (1964), S. 235; Riezler (wie Anm. 61), S. 221–230.
143 Krämer (wie Anm. 125), S. 105; Brackert, H.: »Unglückliche, was hast du gehofft?« Zu den Hexenbüchern des 15. bis 17. Jahrhunderts, in: Becker, G.u. a.: Aus der Zeit der Verzweiflung, Frankfurt a.M. 1977, S. 176.
144 Krämer (wie Anm. 125), S. 105.
145 Muchembled (wie Anm. 31), S. 293.
146 Baranowski, B.: Procesy czarownic w Polsce w XVII i XVIII wieku, Łódź 1952, S. 180.
147 Ennen, E.: Die europäische Stadt des Mittelalters, Göttingen ²1975, S. 202.
148 Schormann (wie Anm. 67), Quellenteil I, Nr. 28, S. 40f.
149 Handbuch der deutschen Wirtschafts- und Sozialgeschichte, Bd. 1. Hg. v. H. Aubin u. W. Zorn, Stuttgart 1971, S. 470.
150 Literatur bei Endres, R.: Ländliche Rechtsquellen als sozialgeschichtliche Quellen, in: Deutsche Ländliche Rechtsquellen. Hg. v. P. Blickle, Stuttgart 1977, S. 161–184.
151 Seraphim, H.-J.: Das Heuerlingswesen in Nordwestdeutschland, Münster 1948, S. 11–18.
152 Schaer, F.-W.: Die ländlichen Unterschichten zwischen Weser und Ems vor der Industrialisierung, in: Niedersächsisches Jb. 50 (1978), S. 45–69.
153 Thomas, K.: Religion and the Decline of Magic, Harmondsworth 1973, S. 661.
154 StA Münster, Herrschaft Büren, Akten Nr. 948.
155 Ebd. Nr. 479.

156 Ebd. Nr. 354.
157 Ebd. Nr. 221.
158 Ebd. Nr. 224.
159 Ebd. Nr. 362, 479.
160 Ribbe, W.: Namenkunde, in: Handbuch der Genealogie. Hg. v. E. Henning u. W. Ribbe, Neustadt a.d. Aisch 1972, S. 181.
161 StA Münster, Herrschaft Büren, Akten Nr. 946.
162 Croissant, W.: Die Berücksichtigung geburts- und berufsständischer und soziologischer Unterschiede im deutschen Hexenprozeß, Diss. jur. (masch.), Mainz (1953), S. 1.
163 Gesta (wie Anm. 114), S. 53f.
164 Zimmermann, K.: Hexenwesen und Hexenverfolgung in der Grafschaft Baden von 1574–1600, in: Badener Neujahrsblatt 1950, S. 55.
165 Merzbacher (wie Anm. 42), S. 186.
166 Krämer (wie Anm. 125), S. 109 Anm. 21.
167 Hartmann, W.: Die Hexenprozesse in der Stadt Hildesheim, Hildesheim 1927, S. 96.
168 Soldan (wie Anm. 26), Bd. 1, S. 3.
169 StA Marburg Best. 115 Nr. 14/10.
170 Gesta (wie Anm. 114), S. 54.
171 Literatur: Schormann, G.: Das Fiskalat in Schaumburg, in: Schaumburg-Lippische Mitteilungen 23 (1974), S. 23–39.
172 Ders. (wie Anm. 17), S. 138f.
173 Keussen, H.: Zwei Hexenprozesse aus der Crefelder Gegend, in: Annalen des historischen Vereins f. den Niederrhein 63 (1896), S. 114.
174 StA Münster, Fstm. Münster, Regierungsprotokolle Nr. 37, Bl. 159.
175 Siehe o. Anm. 154.
176 Sammlung (wie Anm. 45), S. 560.
177 Steiner, J.W.C.: Geschichte der Stadt Dieburg, Darmstadt 1829, Neudruck Dieburg 1977, S. 69.
178 Die Peinliche Gerichtsordnung Kaiser Karls V. von 1532 (Carolina). Hg. v. G. Radbruch, Stuttgart 1967, Art. 218; Midelfort (wie Anm. 141), S. 165ff.
179 Merzbacher (wie Anm. 42), S. 178ff., das Zitat S. 180.
180 StA Münster, Fstm. Siegen, Landesarchiv 22 Nr. 73 Bd. 6.
181 StA Würzburg G-Akten 3023; Midelfort (wie Anm. 141), S. 167 zitiert eine zeitgenössische Abschrift aus dem StA Ludwigsburg.
182 Siebel (wie Anm. 29), S. 45, 144.
183 Ebd. S. 145; Merzbacher (wie Anm. 42), S. 180.
184 Midelfort (wie Anm. 141), S. 164–178.
185 StadtA Rüthen X.I.g.1.
186 StA Würzburg G-Akten 3083.
187 Ebd.
188 Weber, F.L.: Hexenbrennen – ein einträgliches Geschäft, in: Heimat und Geschichte. Jahresgabe der Aschaffenburger Zeitung 1936, S. 13f; Teilab-

druck in: Becker, G. u. a.: Aus der Zeit der Verzweiflung, Frankfurt a.M. 1977, S. 398ff.

189 Siebel (wie Anm. 29), S. 144.

190 Zum folgenden StA Marburg Best. 115 Nr. 14/23 und StadtA Bad Wildungen B 43.

191 Siebel (wie Anm. 29), S. 145.

192 Delumeau, J.: La peur en Occident XIV–XVIII siècle, Paris 1978, S. 232.

193 White, L. jr.: Death and the Devil, in: The Darker Vision of the Renaissance. Hg. v. R.S. Kinsman, Berkeley 1974, S. 26; vgl. auch Buck, A.: Überlegungen zum gegenwärtigen Stand der Renaissanceforschung, in: Bibliothèque d'Humanisme et Renaissance 43 (1981), S. 20f.

194 Leschnitzer, A.: The Magic Background of Modern Anti-Semitism, New York 1956, S. 144f.

195 White (wie Anm. 193), S. 26–32.

196 Muchembled (wie Anm. 31), S. 292.

197 Zur Diskussion über die »Krise des 17. Jahrhunderts« vgl. Wallerstein, I.: Y a-t-il une crise du XVIIe siècle?, in: Annales 34 (1979), S. 126–144.

198 StA Münster, Fstm. Siegen, Landesarchiv 22, Nr. 73 Bd. 6.

199 Keller, E.F.: Die Drangsale des nassauischen Volkes und der angrenzenden Nachbarländer in den Zeiten des dreißigjährigen Krieges, Gotha 1854, S. 131f.

200 Wedgwood, C.V.: Der Dreißigjährige Krieg, München 1969, S. 222.

201 Franz, G.: Der Dreißigjährige Krieg und das deutsche Volk, Stuttgart ⁴1979 (Quellen und Forschungen zur Agrargeschichte, Bd. 7), S. 6.

202 Abel, W.: Agrarkrisen und Agrarkonjunkturen, Hamburg ³1978, S. 158.

203 HStA Wiesbaden Ab. 369 Nr. 44.

204 Böttcher, D.: Propaganda und öffentliche Meinung im protestantischen Deutschland 1628–1636, in: Der Dreißigjährige Krieg. Hg. v. H.U. Rudolf, Darmstadt 1977, S. 325–367; weiterführende Lit. ebd. S. 541–547.

205 Mandrou, R.: Magistrats et sorciers en France au 17e siècle, Paris 1968, S. 13.

206 Midelfort (wie Anm. 141), S. 121–163.

207 Soman, A.: Les procès de sorcellerie au Parlement de Paris (1565–1640), in: Annales 32 (1977), S. 790–814.

208 Honegger, C.: Die Hexen der Neuzeit, in Dies. (Hg.): Die Hexen der Neuzeit, Frankfurt a.M. 1978, S. 27.

209 Zum folgenden HStA Wiesbaden Abt. 369 Nr. 48.

210 Schüller-Piroli, S.: Borgia, Freiburg i. Br. 1963, S. 12, 53.

211 Bodin (wie Anm. 56), S. 228.

212 Zum folgenden wieder HStA Wiesbaden Abt. 369 Nr. 48.

213 Wörtlich: »zu sollt mir halten«, ein Schreibfehler, der an der entsprechenden Stelle der Anklageartikel korrigiert ist.

214 Spee (wie Anm. 76), S. 164f.

215 HStA Wiesbaden Abt. 369 Nr. 37.

216 Ebd. Nr. 137.
217 Byloff (wie Anm. 30), S. 18.
218 F. Merzbacher, Rez. in: Zs. der Savigny-Stiftung f. Rechtsgeschichte, Germ. Abt. 109 (1979), S. 376.
219 Murray, M.A.: The Witch-Cult in Western Europe, Oxford ²1962.
220 Ebd. S. 12.
221 Ebd. S. 86–96.
222 Ebd. S. 175–185.
223 Trevor-Roper (wie Anm. 132), S. 118.
224 Murray, M.A.: The God of the Witches, London ²1952.
225 Gardner, G.B.: Ursprung und Wirklichkeit der Hexen, Weilheim 1965, S. 7f.
226 Ebd. S. 43.
227 Ebd. S. 12, 50.
228 Murray (wie Anm. 219), S. 3.
229 Ebd. S. 4.
230 Leibbrand, W. u. A.: Vorläufige Revision des historischen Hexenbegriffes, in: Wahrheit und Verkündigung. Festschrift f. Michael Schmaus, Bd. 1, München 1967, S. 819–850.
231 Ebd. S. 839.
232 Ebd. S. 847.
233 Ebd. S. 850.
234 Ginzburg, C.: I Benandanti. Stregoneria e culti agrari tra Cinquecento e Seicento, Torino ³1979.
235 Peuckert, W.-E.: Geheimkulte, Heidelberg 1951, S. 262.
236 StA Münster, Fstm. Siegen, Landesarchiv 22, Nr. 73 Bd. 6.
237 Fehr, J.: Der Aberglaube und die katholische Kirche des Mittelalters, Stuttgart 1857.
238 Sammlung (wie Anm. 45), S. 558f.
239 Horsley, R.A.: Who Were the Witches? The Social Roles of the Accused in the European Witch Trials, in: Journal of Interdisciplinary History 9 (1979), S. 689–715.
240 Ehrenreich, B. / English, D.: Hexen, Hebammen und Krankenschwestern, München 1975, S. 9.
241 Michelet, J.: Die Hexe, München 1974, S. 20; Szasz, Th.: Die Fabrikation des Wahnsinns, Frankfurt a.M. 1976, S. 144f.
242 Vgl. die Zusammenstellung bei Frischbier, H.: Hexenspruch und Zauberbann, Berlin 1870, Neudruck Hannover 1970, sowie Hovorka, O.v./Kronfeld, A.: Vergleichende Volksmedizin, 2 Bde., Stuttgart 1908/09.
243 Roth, F.W.E.: Zur Geschichte des Volksaberglaubens in der Grafschaft Nassau-Idstein im 17. Jahrhundert, in: Zs. f. Kulturgeschichte 4. Folge 3 (1896), S. 217–225.
244 Zwetsloot (wie Anm. 66), S. 36ff.
245 Ehrenreich/English (wie Anm. 240), S. 7.
246 Z. B. HStA Wiesbaden Abt. 369 Nr. 101, 113.

Anmerkungen zu Seite 108–114

247 Becker, G. u. a.: Zum kulturellen Bild und zur realen Situation der Frau im Mittelalter und in der frühen Neuzeit, in: (wie Anm. 188), S. 79–106.

248 Sprenger/Institoris (wie Anm. 34), T. 1., S. 159.

249 Z. B. Weng, J.F.: Die Hexenprozesse der ehemaligen Reichstadt Nördlingen in den Jahren 1590–94, Nördlingen 1838, S. 18.

250 Vgl. Anm. 31.

251 Ebd. S. 288.

252 Flandrin, J.-L.: Familien. Soziologie – Ökonomie – Sexualität, Frankfurt a.M. 1978, S. 220.

253 Ritter, M.: Deutsche Geschichte im Zeitalter der Gegenreformation und des Dreißigjährigen Krieges (1555–1648), Bd. 2, Stuttgart 1895. Neudruck Darmstadt 1962, S. 480.

254 Thomas (wie Anm. 153), S. 652.

255 Spee (wie Anm. 76), S. 279.

256 Honegger (wie Anm. 208), S. 90.

257 Delrio (wie Anm. 63), Vorrede.

258 Soldan (wie Anm. 26), Bd. 2, S. 23, auch S. 16 und 29; Trevor-Roper (wie Anm. 132), S. 139.

259 Zum folgenden Zenz (wie Anm. 60), S. 43, 67.

260 Heinz, F.: Zur Geschichte der Reformation und Gegenreformation im Kurerzstift Trier, Diss. phil. (masch.), Kiel 1952, S. 120; Molitor, H.: Kirchliche Reformversuche der Kurfürsten und Erzbischöfe von Trier im Zeitalter der Gegenreformation, Wiesbaden 1967, S. 187; Lehmann, H.: Hexenverfolgungen und Hexenprozesse im Alten Reich zwischen Reformation und Aufklärung, in: Jb. des Instituts f. Deutsche Geschichte 7 (1978), S. 13–70, hier: S. 33, Anm. 40.

261 Heidkämpfer, H.: Die Geschichte der Reformation in der ehemaligen Grafschaft Schaumburg, in: Schaumburg-Lippische Mitteilungen 10 (1948), S. 27; Jähnig, B.: Überblick über die Geschichte der Evangelisch-Reformierten Kirche Bückeburg, in: Jb. der Gesellschaft f. niedersächsische Kirchengeschichte 75 (1977), S. 127–143. Wie schwierig die Konfession im Einzelfall festzustellen ist, zeigt Größing, H.: Hexenwahn und »Rationalismus« im 16. Jahrhundert, in: Aspekte und Kontakte eines Kirchenhistorikers. Hg. v. F. Loidl, Wien 1976, S. 130f.

262 Lück, A.: Johann Moritz Fürst zu Nassau-Siegen als Landesherr in seinem eigenen Territorium, in: Siegerland 56 (1979), S. 42–45.

263 StA Münster, Fstm. Siegen, Landesarchiv 22 Nr. 73 Bd. 6.

264 Zum folgenden: Handbuch der Kirchengeschichte. Hg. v. H. Jedin, Bd. 4, Freiburg i.Br. 1967, S. 405–436.

265 Teall, J.L.: Witchcraft and Calvinism in Elizabethan England: Divine Power and Human Agency, in: Journal of the History of Ideas 23 (1962), S. 21–36; Hitchcock, J.: George Gifford and the Puritan Witchbeliefs, in: Archiv f. Reformationsgeschichte 58 (1967), S. 90–99; Kretzer, H.: Die Calvinismus-Kapitalismus-These Max Webers vor dem Hintergrund französischer Quellen

Anmerkungen zu Seite 114–125

des 17. Jahrhunderts, in: Zs. f. Historische Forschung 4 (1977), S. 416 Anm. 6 – Lit.

266 Zum folgenden: Moltmann, J.: Christoph Pezel (1539–1604) und der Calvinismus in Bremen, Bremen 1958, Einleitung.

267 Lehmann (wie Anm. 260), S. 31.

268 Ebd. S. 32.

269 Ebd. S. 34.

270 Corpus Iuris Civilis, 2 Bde. Hg. v. P. Krueger u. T. Mommsen, Berlin [10]1905, hier: Bd. 1, Digesta 48,8 u. Bd. 2, Codex 9,18.

271 Schüller-Piroli (wie Anm. 210), S. 464ff.

272 Ebd. S. 306.

273 Paulus, N.: Hexenwahn und Hexenprozeß vornehmlich im 16. Jahrhundert, Freiburg i. Br. 1910, S. 217.

274 Nachweise ebd. S. 195ff., 247.

275 Mitterer, A.: Mas occasionatus, in: Zs. f. katholische Theologie 72 (1950), S. 83.

276 Weyer, J.: Von Teufelsgespenst, Zauberern und Gifftbereytern, Frankfurt a.M. 1586, Neudruck Darmstadt o.J., S. 157, 464f.

277 Paulus (wie Anm. 273), S. 212, 232, 235 u. a.

278 Das Buch Weinsberg (wie Anm. 119) S. 69.

279 Schormann (wie Anm. 17), S. 114.

280 Muchembled, R.: Satan ou les hommes? La chasse aux sorcières et ses causes, in: Dupont-Bouchat, M.-S. u. a.: Prophètes et sorciers dans les Pays-Bas XVIe – XVIII siècle, Paris 1978, S. 19.

281 Monter, E.W.: Witchcraft in France and Switzerland, Ithaca, N.Y. 1976, S. 122, 124.

282 Bovenschen, S.: Die aktuelle Hexe, die historische Hexe und der Hexenmythos, in: (wie Anm. 208), S. 277; Kassner, I.–Lorenz, S.: Trauer muß Aspasia tragen. Die Geschichte der Vertreibung der Frau aus der Wissenschaft, München 1977, S. 72.

283 Honegger (wie Anm. 208), S. 9.

284 Ebd. S. 11.

285 Ebd. S. 13f.

286 Favret, J.: Hexenwesen und Aufklärung, in: (wie Anm. 208), S. 337.

287 Ebd. S. 338.

288 Ebd. S. 353.

289 Honegger (wie Anm. 208), S. 11.

290 Hansen (wie Anm. 36), S. V.

291 Weng (wie Anm. 249), S. 36.

292 HStA Hannover Cal. Br. 21 B VII c 7 a Bl. 28.

293 Soldan (wie Anm. 26), Bd 2, S. 6.

294 Macfarlane, A.: Witchcraft in Tudor and Stuart England, London 1970, S. 9.

295 Eine kommentierte Bibliographie habe ich in Bearbeitung und hoffe, das Manuskript im nächsten Jahr abzuschließen.

296 Midelfort (wie Anm. 1), S. 373.
297 Baroja, J.C.: Die Hexen und ihre Welt, Stuttgart 1967, S. 267.
298 European Witchcraft (wie Anm. 110), S. 173.

Otto Brunner · Sozialgeschichte Europas im Mittelalter
1978. 103 Seiten, kartoniert (Kleine Vandenhoeck-Reihe 1442)

Peter Kriedte · Spätfeudalismus und Handelskapital
Grundlinien der europäischen Wirtschaftsgeschichte vom 16. bis zum Ausgang des 19. Jahrhunderts. 1980. 223 Seiten mit zahlr. Tabellen und Schaubildern, kartoniert (Kleine Vandenhoeck-Reihe 1459)

Wilhelm Abel · Stufen der Ernährung
Eine historische Skizze. 1981. 78 Seiten mit mehreren Tabellen und Schaubildern, kartoniert (Kleine Vandenhoeck-Reihe 1467)

Wilhelm Abel · Massenarmut und Hungerkrisen im vorindustriellen Deutschland
2., unveränderte Auflage 1977. 83 Seiten, kartoniert (Kleine Vandenhoeck-Reihe 1352)

Dirk Blasius · Kriminalität und Alltag
Zur Konfliktgeschichte des Alltagslebens im 19. Jahrhundert. 1978. 95 Seiten, kartoniert (Kleine Vandenhoeck-Reihe 1448)

Peter Lundgreen
Sozialgeschichte der deutschen Schule im Überblick
Teil I: 1770–1918. 1980. 126 Seiten mit 22 Tabellen und 6 Schaubildern, kartoniert (Kleine Vandenhoeck-Reihe 1460)
Teil II: 1918–1980. 1981. 168 Seiten mit 56 Tabellen und 5 Schaubildern, kartoniert (Kleine Vandenhoeck-Reihe 1468)

Hans-Ulrich Wehler (Hg.)
Klassen in der europäischen Sozialgeschichte
Neun Beiträge von Heinz-Gerhard Haupt, Eric J. Hobsbawm, Volker Hunecke, Jürgen Kocka, M. Rainer Lepsius, Wolfgang Mager, Sidney Pollard, Hans-Jürgen Puhle, Hans-Ulrich Wehler. 1979. 280 Seiten, kartoniert (Kleine Vandenhoeck-Reihe 1456)

Jürgen Kocka · Sozialgeschichte
Begriff – Entwicklung – Probleme. 1977. 173 Seiten, kartoniert (Kleine Vandenhoeck-Reihe 1434)

VANDENHOECK & RUPRECHT IN GÖTTINGEN UND ZÜRICH

Deutsche Geschichte

in zehn Bänden. Herausgegeben von Joachim Leuschner

Kleine Vandenhoeck-Reihe

Band 1*	JOSEF FLECKENSTEIN **Grundlagen und Beginn der deutschen Geschichte**		(1397)
Band 2*	HORST FUHRMANN **Deutsche Geschichte im hohen Mittelalter**		(1438)
Band 3*	JOACHIM LEUSCHNER **Deutschland im späten Mittelalter**		(1410)
Band 4*	BERND MOELLER **Deutschland im Zeitalter der Reformation**		(1432)
Band 5	MARTIN HECKEL **Deutschland im konfessionellen Zeitalter**		
Band 6*	RUDOLF VIERHAUS **Deutschland im Zeitalter des Absolutismus (1648–1763)**		(1439)
Band 7*	KARL OTMAR FREIHERR VON ARETIN **Vom Deutschen Reich zum Deutschen Bund**		(1455)
Band 8	REINHARD RÜRUP **Deutschland im 19. Jahrhundert**		
Band 9*	HANS-ULRICH WEHLER **Das Deutsche Kaiserreich 1871–1918**		(1380)
Band 10*	GERHARD SCHULZ **Deutschland seit dem Ersten Weltkrieg (1918–1945)**		(1419)

(* liegt vor)   Stand: 1. 9. 1981

Vandenhoeck & Ruprecht   in Göttingen und Zürich